作者简介

张金宝

财务系统建设专家，金财时代教育科技（北京）有限公司董事长，老板财务精品课程《总裁财税思维》《老板利润管控》《财务体系》《股权财务体系》《资本财务体系》授课导师。

10年大型企业财务总监任职经验，央企财务信息化项目组研究员、总会计师协会特聘教授、注册管理会计师协会考试专家组成员、中国财务技术网创始人，“大财务”思想终身推动者。

曾为数万家民企及数百家大型企业提供财务顾问及咨询服务，包括一汽丰田、华为、伊利、邮储银行、华谊兄弟等企业。为 6 万多名企业家、财务总监做过财务教练。

已出版作品：《财务的力量 1：老板财务管控必修课》《财务的力量 2：民企财务规范 5 大体系》《金财财税系统》工具包等。

欢迎交流与分享：
电话：17710196073（添加客服微信）
邮箱：11044415@qq.com

张金宝老师
个人微信

张金宝老师
助理微信

黄传伸

亮时代（北京）教育科技有限公司董事长，注册会计师，税务实筹专家，曾任政府城投公司副总经理、财政局总会计师，地方总部经济发展领导小组核心成员，人大特聘财税顾问，招商引资专家评审委员会专家组成员，多家大型企业首席财税顾问，多地地方政府招商部门特邀顾问。

陈光

税务师，会计师，从事财税工作24年，省级货物劳务税、国际税收、税收法律人才库成员，省税务局兼职教师，多次参加国家税务总局和省级税务局执法督察，多地政府财税部门、商务部门、园区财税咨询顾问，具有扎实的理论功底和风控实战经验。

为600余名企业家讲授《老板利润管控》

为700余名企业家讲授《财务体系》

给襄阳卫东集团做《纳税筹划》咨询

给禹王集团做管理会计落地指导

金财控股第32期《财务体系》合影留念

金财控股第11期《总裁财税思维》合影留念

金财控股第12期《总裁财税思维》合影留念

• 民企老板财税规划书系 •

财务的力量 ④

老板财税风险故事集

张金宝　黄传伸　陈光 | 著

THE POWER OF FINANCE

中国经济出版社
CHINA ECONOMIC PUBLISHING HOUSE

图书在版编目（CIP）数据

老板财税风险故事集 / 张金宝，黄传伸，陈光著 . —北京：中国经济出版社，2020.6

ISBN 978-7-5136-6061-7

Ⅰ. ①老… Ⅱ. ①张… ②黄… ③陈… Ⅲ. ①民营企业－企业管理－财务管理－研究－中国 ②民营企业－企业管理－税收管理－研究－中国 Ⅳ. ①F279.23

中国版本图书馆CIP数据核字（2020）第036826号

责任编辑　严　莉
责任印制　巢新强
封面设计　柏拉图

出版发行　中国经济出版社
印 刷 者　天津文林印务有限公司
经 销 者　各地新华书店
开　　本　880mm × 1230mm　1/32
印　　张　8.75
字　　数　126 千字
版　　次　2020 年 6 月第 1 版
印　　次　2020 年 6 月第 1 次
定　　价　58.00 元
广告经营许可证　京西工商广字第 8179 号

中国经济出版社 **网址** www. economyph. com **社址** 北京市东城区安定门外大街 58 号 **邮编** 100011

序 言 财务的力量4：老板财税风险故事集

CAIWUDELILIANG

这是一本写给民企老板的财税科普图书，分享民企财税的一些小故事。它也是“民企老板财务普及图书”系列《财务的力量1：老板财务管控必修课》《财务的力量2：民企财务规范5大体系》《财务的力量3：老板财税规划100招》之后的第四本。

为什么要讲财税故事?

在金财控股公司的一次讲师内部会议上，有一个同事问:“为什么企业家听了我们的财税课程，会喜欢上财务？为什么财务零基础的老板，听如此专业的财税课程，不但不觉得累，甚至连上厕所都不愿意去？为什么有的财务人员反馈，听了金财的课程后，其他财务老师的课程听不下去了？”

我拿笔在白板纸上画了一个冰山与海平面的线条，给所有讲师分享道:“人的思维与大脑，可以简单分为三层：意识、潜意识、无意识。

“意识，对应我们的大脑，主管分析、逻辑、判断、推理等，统称为理性思维。财务人员长期与数字打交道，所以容易特别理性。

“潜意识，对应我们的心，主管情绪、感觉、画面、形象记忆等，也可称为感性思维。感性的力量，百倍千倍于理性的力量。就像有的女人一哭二闹，再有逻辑能力的男人都拿她没辙。

“注册会计师的教材走逻辑思维，我们专注 2 个小时后就累了。但是看电视剧，走形象情感思维，看一天也不觉得累。谈恋爱也是如此，谈一个月、一年也不觉得累。

“所以，真正的高手，不是在理性与意识层面讲课，而是在潜意识与感性层面讲课。这样即使是零基础的企业老板，也不会觉得累。如何做到在潜意识与感性层面讲课呢？最好的方式就是讲故事……一个优秀的老师，一定是个讲故事的高手。同样，一个优秀的企业家，也必须是个讲故事的高手，如上市路演，就是在讲一个几十亿元的故事。”

讲好“财税故事”并不是给企业家空讲大道理，这一点非常重要。

在长春讲课时，一个营业规模为10亿元的集团企业副总裁带着其他5个高管一起来参加我的《总裁财税思维》课程。我问："你们为什么来听课？"财务总监回答说："半年前，我们董事长看了您写的《老板财务管控》那本书后，特意把我们几个叫到他的办公室，兴高采烈地分享在书上学到的知识。不仅如此，他还拿着您的书，站在白板前面给我们讲。这次要不是参加全国人民代表大会，他肯定也来了。"

的确，在《财务的力量1：老板财务管控必修课》与《财务的力量2：民企财务规范5大体系》两本书出版以后，陆续收到了许多表示感谢的读者来电，另外一些读者则明确表示要见面。面授大课上也经常见到读者的身影。"张老师的课程与图书一样，有数不清的精彩案例与故事"则是读者们的共同反馈。看到无数读者收获满满的样子，顿时觉得牺牲100多天休息时间，去熬夜写一本书是非常值得的。写书与讲课一样，有作者的"能量"在里面。读者的回馈，也是一种能量的回流。

讲故事，素材从哪来呢？

任何人为编撰的故事，都没有尘世间每天真实发生的事情精彩。我们只要把在课堂与咨询期间遇到的许多老板头痛的财税事项分享出来，就是一篇篇非常精彩的故事。

然而，能讲出来的非常有限，没能把真实世界的种种精彩全部分享给大家，实在遗憾。

记得有一次，一位来自内蒙古包头的老板，飞到广州参加《老板利润管控》课程，晚上在我房间洽谈合作咨询事宜。这个老板以前从事矿产开发事业，后转型做地产行业的生意。他非常有钱，但是近期不是太顺利。在聊天过程中，他的律师顾问让我印象极深刻——这是个罕见的讲故事的高手。

半小时的时间内，他给我讲了一个比电视剧都精彩的关于“股东与股东之间互黑、斗争并涉黑”的故事。故事的内容大约就是：矿产老板甲先生是大股东，不懂财务和公司治理，性格温和善良。他投资几千万元，并借钱给小股东乙先生，与其合资成立了一个地产开发公司。于是小股东开始了长达6年的资产侵吞、利益输送、做假账、虚增成本、转移利润……最后涉及绑架、报警、财务控制权争夺等一系列故事。要不是后面还有企业家在排队咨询问题，我真想听他把故事讲下去……

类似案例的不断累积，导致我在研发升级课程时，更新并增添了关于“公司治理、财务内控”的内容与细节。

讲故事是手段，不是目的。帮助民营企业建立“大财务”管理体系，升级财税管控系统，打造一套健康完善的财务流程，用财务创造价值，是我们财务人的“中国财务梦”。

一对企业家夫妇在《财务体系》课上，和我们签订了一个价值120万元的财务咨询服务合同。签合同时，两人各自问了许多民企老板常问的问题。

“目前年营业额有2亿元，但是净利润只有1,000多万元，利润太低了，有什么办法？企业所得税和增值税太高，怎么合法降低成本？”

“产品中的40%，供应商根本不提供增值税专用发票，无法抵扣。我们上完张老师的课程以后，对财务做了修改、规范、整顿的作业，但是还是有一些‘扣’怎么都解不开。而且财务人员能力不够，需要老师手把手带着进行财务整改。”

“2016年、2017年左右，我们听了一些股权激励的课程后，回来就拿出20%的股份给十几位高管做了股权激励。高管的工资，都是象征性付点钱，大部分都来自股权激励。当时没想那么多，压根没设计退出机制，结果现在有一部分人去了竞争对手公司、一部分人离职……”

一个多小时的沟通中，老板的疑虑被我们一个一个打消。签完咨询合同后，老板提出最后一个问题：“财务合规了，合法交税了，企业纳税成本提升，导致企业利润减少甚至亏损，怎么办？”

我在白板上画了一个思维导图，一边画一边说：“企业当下有两个选择：（1）合规；（2）不合规。那各自的结果是什么？

“不合规必定是死路一条。老板已经快60岁了，绝对不愿意再拿牢狱风险去赌公司的利润。创业做生意，总要有底线。在金税三期如此严格的背景下，企业规模这么大，还能偷税几年？这条不选择。

“财税合规。做完财务咨询以后，结果也可能有两个：（1）还有利润；（2）没利润了。还有利润，则一切安好。没有利润，怎么办？比如，财税合规后，导致利润下降了800万元，但是我们通过合法筹划又抵销300万元，通过内控和完善流程找回300万元利润，通过裁员又回流100万元，周转效率的提升能节省资金成本200万元、存货管理费用300万元……如此，企业的利润比以前还高也有可能，毕竟企业的规模和盘子在这摆着。退一万步说，如果企业的规范作业没法一步到位，那么要做拆分：拆分出一家合规的公司（100%合法纳税）、一家仍然不太合规的公司（即自留地，分散成立公司、承包出去、风险外包）。根据国家财税形势，将不合规的公司尽快缩减。当然，还可以通过管道和业务安排，把不合规公司的利润拿到合规公司来，成为合规公司的合法利润。”

改革开放，经济腾飞，企业转型，管理升级。然而，目前民营企业的财税体系仍然是野蛮生长、粗放混乱的情形。两套账、偷税、糊涂账、流程不清、内控缺失、融资困难、股权无设计等情况屡见不鲜，财务标准化程度极低。因财税体系不健全，无数企业损失惨重，甚至老板本人身陷囹圄。

企业最开始野蛮生长，一心只为生存，所以根本没怎么考虑过财务规范问题。一开始就合法合规的企业会承担较高的成本费用，它们中的大多数可能根本活不到现在。我们企业在红线钢丝上跳着舞蹈，承担着种种法律、税务风险。

比如，两套账问题几乎占据了97%的民营企业。老板若不懂财税，则无知者无畏。但是一旦听过财税课程，或者身边有企业家出事，老板就开始了心灵的煎熬，晚上失眠睡（税）不着啊。某演员范某给全中国的企业家做了一个巨大的“公益”广告，范演员公关经费够多吧，人脉关系够强吧，但是看看她最后的结果。我们民企老板，觉得自己的结局会有不同吗？与税务局的关系是我们的救世主？

老板不是不想合规，没有谁天生喜欢违法犯罪。很多老板就像无米的巧妇，没有工具，没有方法。节省成本，说起来容易，到底怎么做？很多老板往往是孤独的行者，没有左膀右臂，没有财务帮手。高管往往还理解不了，以为公司很赚钱，其实他们只看到赚钱的一面，没看到众多隐形的成本和费用。因此老板有时就像迷途的羔羊，有病乱投医。

找来所谓财务高手空降兵，却不接地气没有文化认同；找来会计师事务所，只会审计查账找问题，却不能从整体角度提出有效、切实可行的办法；找来有税务部门背景的领导，只会饭桌上提一些模糊的点子。民企需要“有效、实用、落地”的财税解决方案。

没有系统性的方案，没有具体的工具方法，没有切实可行立即落地的操作步骤，那么讲再多理论知识，对民营企业来说都是空中楼阁、梦幻泡影。

近几十年来，国家层面的财务体系标准化工作推进得极为缓慢，严重滞后于企业需要。在“会计准则”和“税法”等少量制度之外，中国广大民营企业既缺乏“大财务管理体系”，也没有“老板财务管控标准”，数以千万的财务人员和老板均处于“做账、报税、管钱”的小财务阶段。

人因梦想而伟大。拉升行业的高度，帮助 100 万家民营企业打造“大财务”管理体系，做“老板财务管控标准制定者”，是我们金财人当之无愧的使命。

财务强，则企业强。企业强，则中国强。

伴随着中国企业走向世界，中华民族开始了伟大复兴。2035—2050 年，中国的GDP和财政收入将引领全球。在这种形势下，建立和完善与经济强国相适应的“财税体系”刻不容缓。大财有道，大富有德。财务咨询师只有解决了客户的问题，提供超出客户期望值的满意服务，才能换来精神与物质文化的双丰收。

让我们一起携手，共同以“大财务梦”浇筑我们的财税事业，像画家一样绘制我们的财税咨询版图，青春飞扬，持续奋斗 5 年、10 年、20 年……

没有一件值得干的事情，是可以一个人干成的。感谢白希楼老师提供了咨询服务期间亲身经历的精彩故事；感谢万方梓老师提供了内控的故事以及他在世界 500 强企业任CFO 的经历，给了我们很多启发；感谢杜薇、李璐佳助理反复校稿、审核。

推荐先读《财务的力量 1：老板财务管控必修课》《财务的力量 2：民企财务规范 5 大体系》，再读本书。书稿交付印刷出版之后，仍然有太多不满意，不过想想自己将会终身从事财税工作，图书会持续改版升级，也就不执着了。

张金宝

于北京海淀区清华园

本书所有内容，创自实际的业务案例，编自真实的法院判决，来自税务部门的行政处罚。

著此书，起心动愿，是真切关注企业的财税隐忧与法律安全。对层层级级、大大小小的官员，均有各种各样的警示教育。

作为同样是精英群体的企业老板，不能没有警示，希望此书，能为企业与企业老板跋涉前行点亮一盏微弱的灯火！

黄传伸

写于深圳

目 录

财务的力量4：老板财税风险故事集

CAIWUDELILIANG

第一章 财务管控的演讲稿

第二章 财务咨询的故事

|第三章| 财税规范的案例

|第四章| 企业家成长历程

|第五章| 财税处罚真实案例

1

|第一章|

C A I W U D E L I L I A N G

财务管控的演讲稿

财务数据是企业管理的“驾驶舱”

谢谢各位能在已经听了一天课，非常辛苦的情况下，继续坚持两个小时，为大家坚定的学习信念掌声鼓励一下！现在是下午 5:45，我今天将花两个小时的时间跟大家探讨一个问题——老板财务管控。

老板财务管控与非老板的财务管控有没有区别？首先，我来调查一下，今天不是老板的举个手，我看一下，举高一点。好，不管你是不是老板，接下来你都要站在老板的角度思考问题。所有财务管理的话题，都可以分为老板的和非老板的，非老板主要是指财务人员。今天我不会讲财务人员的财务管控，更多的是站到企业角度来谈财务问题。

之前已经给大家讲了一天的股权，其实很多问题都需要站在老板的角度看问题。我问在座的各位，你们是怎么看待财务的？

我再问在座的各位一个问题，你们给高管分红也好、期权股票也好，到了年终要不要向这些高管们公布公司的财务报表？公布哪张报表？

我来调查一下现场的企业当中，不做两套账的，举个手我看一下有没有？这有一个、两个，我还以为一个都没有呐！请放下。就两家企业不做两套账。你们为什么不做两套账呢？“我们做三套账。”“你们怎么做三套，都给谁呢？”“一套账给税务局，一套账给银行，还有一套账给自己，一共三套账。”

不管是两套账也好，三套账也罢，你们给高管公布年终分红利润的时候，公布哪套账的报表？给税务的那张有用吗？那个账很瘦，而银行的那套账又很胖，两套账都是不真实的。给老板的那套账叫内账，内账能不能公布？公布这一套账的结果是，哪个高管不高兴了，直接拿着报表去税务局了，换来的结果是什么？你们都懂。

我有一个经营建材生意的客户，他一年的营业额有几个亿，算是当地建材行业做得最大的企业了。这个老板上我的财务课时说："张老师，只要我们当地税务局去任何一家卖建材的公司问一下，你们这个行业谁做得最大，都会指向我们公司。"他接着说："张老师，我也想给那几个总经理、战略发展部的部长和关键岗位的人股份，但是我不敢给。我给他们股份的目的是激励他们，给他们好处。但是我一旦给他们股份就相当于拖他们下水。张老师，我不能拖他们下水啊！"

所以，这个老板在上了三天的财务课后，与我签了一个 160 万元的咨询案。后来我去他企业调研的时候，老板把我叫到一边说："张老师，我看没必要做调研。"我问："为什么？"老板说："我总共有 4 家有限公司，7 个个体工商户，统统都废掉不要了。重新申请执照，重新注册，重新开张。"

听懂这个老板的意思了吗？为什么这么做？因为要想把历史真正变成历史，只有一招：就是把这个公司注销掉。但是这样做并不容易。所以财务行业内有一句话：

要想活不容易，想死更难。如果要注销公司，税务局就要查你整整三年的账，你这三年中有没有问题？换句话说，你要想死，先得把临死前三年清洗干净了。否则本来没事，结果你一注销，自己送上门去了。

有不少公司都是因为注销被查出问题的！所以，对企业来说，股权只是公司顶层设计中非常重要的一个环节，还有其他一系列财务问题。

由于今天时间比较紧张，我就花一点时间跟大家探讨下站在老板角度的一些财务问题。来，我们先来看第一个问题——利润问题。我把利润分为三种，第一种叫经营利润，第二种叫现金利润，第三种叫税务利润。

在座的各位，以前你们有没有把利润分这么多类别？一般大家都认为，利润就是利润，哪有那么多区别。我跟无数老板在沟通交流的过程中总结出来，其实利润也有不同的类别。

我们来看一下，什么是经营利润？举个简单的例子，一瓶矿泉水进价是八毛，卖一块钱，我赚了多少？两毛！这两毛叫毛利，或者净利。有的企业称为毛利，有的企业称为纯利，但实际上都是什么利润呢？经营利润，也就说企业销售产品的利润差价。

我问你们，现在你们企业的经营利润高还是低？百分比达到多少？净利润多少？你们就算纯利润，纯利润减掉那些固定开支费用的分摊，你们有百分之多少？5%！什么行业？汽车行业，4S店吗？汽配！汽车配件利润一般。有没有达到20%以上纯利润的公司？举手我看一下。好，13组的这位老板说一下你是做什么行业的？做文化创意的，成本比较高。

来，你们猜一下，我们金财的利润有多少？50%？一看就不了解这个行业，培训咨询行业的利润只有10%。知道了吗？我们看起来好像收费很高，一堂课收费好几万元，台下坐几百人甚至上千人。实际上没有你们想得那么简单。经营利润现在普遍下滑，你们告诉我怎么办？来，记上4个字——“开源节流”，也就是降低成本，提高收入。问题是怎样做才能开源节流？

来，我们再写上这几个字——“精细化管理”。在座的各位，民营企业是精细化管理做得多，还是粗放式管理做得多？我们以前一贯是粗放式管理。我再问一下，是精细化管理难，还是粗放式管理难？精细化管理有技术含量，操作起来比较难，所以一般的企业刚开始都是粗放式管理，但是很多企业在规模扩大后，一直都没有从粗放式管理走到精细化管理。

我举个最简单的例子，你们听一听。这个例子跟股权有关系。有一个老板跑来问我一个财务问题，结果问的第一句话就把我给雷到了。他说："张老师，我给总经理发了600万元的年薪，你觉得高不高？"我说："你们有约定吗？"他说："没有。"原来只是老板看到总经理挺不容易的，就给了他600万元。结果总经理不仅不满意，还很生气。这个时候已经临近春节，老板没出面，老板娘是财务总监，于是出面找那个总经理谈话，在咖啡厅里谈了四个小时，结果呢？又付了400万元。

我第二次被这个老板娘给雷到了。我当时就问她，"你一下给了总经理1,000万元，真够大方的。上市公司的那些总裁年薪才多少？"因为我看了她的报表，大概知道她们公司一年的营业额是4.3亿元。你们猜她是做什么行业的？卖酸豆角的！一年营业额4.3亿元，说明这家企业做得还不错，全国都有她的经销商。于是我又问她，“你去年赚了多少钱？”

这个问题要不要问，你们告诉我？我要知道她去年赚了多少钱，比如赚了2,000万元，但是分了1,000万元给总经理，已经分了50%的利润了。结果老板娘说了一句话：“张老师，我不知道。”

在座的各位，你们不要笑，民营企业中有太多企业的老板，连一年赚了多少钱都不知道。各位老板自己问问自己，去年赚了多少钱？账算清楚了没有？来，在这里写上精细化管理的前提是账要算清楚。账都算不清楚，还谈什么股权激励，还分什么钱呢？分到最后也就是打架，有个词叫分赃不均，说的就是这个理。做股权激励之前，应该先做财务的规范化管理。每个企业至少有一套账的数据必须是准确的，但是很多企业的数据基本上完全混乱。

我有一个客户是在秦皇岛专门做医疗美容的。这个老板过来上我的课，听了一句话，就拿出80万元找我做财务咨询。他课下跟我沟通说："我现在有五六十种产品，我真的分不清楚哪种产品赚钱，哪种产品不赚钱，哪种产品赚得多，哪种产品赚得少。根本算不清楚，财务乱成了一锅粥。"

我给大家举个例子，一家企业有A、B、C 共 3 种产品，这个老板问财务赚了多少钱。财务迫于无奈，说赚了 3 元。但这 3 元只是平均数，老板又问一个问题，各赚了多少。财务说不知道。

当老板实在是不知道哪种产品赚了多少钱的时候，就可能导致决策失误。老板这个时候想增加利润，你们告诉我怎么增加？要集中优势兵力打歼灭战，老板重点做了C产品，把C产品的销量翻了一倍，本来想让利润翻倍，变成 4 元，结果没想到最后不是 4 元，而是变成了 2 元，什么原因呢？因为C产品根本不是赚了 1 元，是赔了 1 元，B产品是赚了 3 元。

由于C产品的数据算错了，所以决策失误。如果老板知道真实的数据，还会决策失误吗？这个时候应该怎么做？把C砍掉，或者增大B产品的销量，也就是说只要数据准确，我们做决策就变得很容易。

大家换一行写上“账是一切管理的基础”。

很多企业的账都是糊涂账，我们说的糊涂账是指很多该分析的数据没有分析，该拿到的数据没有拿到。糊涂账的企业能不能支撑企业做大呢？显然是不能的。

再换一行写上“企业做大必须是数字化管理”。

数字化管理的前提是什么？我们拿到数据要进行分析，做运营、决策、支持，等等。企业做大必须是数字化管理。只有数据化管理，才能真正支持企业走向未来。

我问你们给员工股权的目的是什么？是不是为了留住人？当企业的人越来越多，实力越来越强，但所有人思考问题全是“拍脑袋”，比如大家开会，开会的时候都是靠感觉说话，这个企业还能不能做大？

也就是说所有企业开会都应该用数据说话。而数据来自哪里？财务，所以财务就成了企业管理的核心。但是在座的各位，你们告诉我，老板重视财务还是不重视财务？重视，但是我看到太多的老板心里重视，行动上不重视。很多老板都是用亲戚来当出纳。这种情况在温州尤其明显，北京还好一点点，温州的企业80%是亲戚或熟人管财务。

我们再来看现金利润。什么是现金利润呢？

北京有一位卖水果的老板，开了很多家连锁店。这个老板出生于1984年，很年轻。他第一次来上我财务课程的时候，听得非常认真，笔记记了很多，回去以后就开始实践。

来上第二阶段的财务课的时候，他问了我一个问题：张老师，我账上的现金特别多，我打算把这个钱拿出来再成立一个小额信贷公司专门放贷，你觉得怎么样？

我问在座的各位，为什么卖水果的账上现金那么多？买水果的时候大部分人用什么付钱呢？是用现金付的。给供应商付钱什么时候？是月结的。有的是一个月一结，有的是两个月或三个月一结。所以水果店收到了现金，而供应商可以过段时间再付款，最后就导致他手里的现金特别多。因此，他想把钱拿出来成立一个小信贷公司专门放贷。

你们觉得这个想法怎么样？利息可以吗？我听有人

说，利息高的话就可以。那多少利息算高呢？1 分 5 的利息高不高？高！我第一反应是万一收不回来怎么办？结果他马上跟我说："张老师这个我不担心，我只放款给我的供应商。"

听懂这个意思了吗？我欠你 200 万元的水果，我就贷 200 万元的款给你。也就是说这个老板赚了几道利润？两道。第一道叫净利润。第二道呢？现金利润，也就是放贷的利润。所以他赚了两道钱，你们赚几道钱？一道。只赚经营利润啊！也有的企业是赚两道钱，但第二道钱是负的。也就是说，现金利润是负的，经营利润是正的。经营利润上还有 5% 的利润，结果在现金利润上又把这个利润减少了，离 5% 都差很远了。

比如，我们有一个学员是奶粉经销商。一批奶粉卖出去，最快也要 100~120 天。伊利、蒙牛都是要先打款才发货。经销商卖出去的越多，需要的钱越多；做得越大，需要的钱就越多。所以他的现金利润和经营利润一对抵，就没了。

经营企业一定要会玩现金，你们告诉我现金重要还是利润重要？都重要！如果非要选出一个来，哪个更重要？有人说现金重要，有人说利润重要。来，换一行写上一句话，“利润是面包，现金是空气”。

面包更重要，还是空气更重要？空气。没有面包可以活多久？一个星期。没有空气呢？几分钟。所以，很多企业的财务人员在企业的管理中更重视利润，不重视现金，反而是老板更重视现金。所以资金的管理在很多企业出了问题。我们可以通过一些工具表单帮助企业做资金管控，迅速把很多财务问题规避掉。

在天津有一位做汽车配件的老板，从天津跑到北京上我的课，就为了弄清楚一个疑惑。他说：“张老师，我的资金链绷得很紧，动不动就容易断裂，我就想知道我的资金什么时候进，什么时候出，我该怎么去管控这个事情。”

好，我们再来看什么是税务利润。税务利润下面画一行，写上六个字：白色、灰色、黑色。什么叫白色？什么叫灰色？什么叫黑色？举个例子，你们就理解了。

我们有一个宁波的学员，他一年赚 700 万元。你们觉得一年赚 700 万元，这个老板算是大老板还算小老板？说小老板的，说明你们做得比他大啊。结果他在上财务课的时候，我给他分析发现，650 万元是卖发票所得。这不是开玩笑吗？

现在你们告诉我，你们能不能劝这个老板不要卖发票？劝不劝得动？劝不动。他如果不卖发票，一下子就从赚 700 万元变成赚 50 万元。那么我问在座的各位，卖发票这种事能不能干？为什么不能？犯罪。是罚款还是判刑？判刑。如果判一个月，换 650 万元，换不换？换，好多人说换。

来，在判刑标准下面写上：虚开增值税发票 1 万元，基准刑为有期徒刑 6 个月，虚开数额每增加 3,000 元，刑期增加 1 个月；虚开增值税专用发票税款数额 10 万元，基准刑为有期徒刑 3 年，虚开税款数额每增加 6,000 元，刑期增加 1 个月；虚开增值税专用发票税款数额 50 万元，基准刑为有期徒刑十年，虚开税款数额每增加 1 万元，刑期增加 1 个月。我问你们，这个人卖发票卖了 650 万元，假如说我们把它按 13 个点算，那就是说他至少偷税 1,300

万元以上，对吧？偷税 1,300 万元以上，你们告诉我判刑判多久？100 多年？不用算了，反正这辈子就是出不来了。你看他现在 40 多岁，还能在里面待多久。

我问你们，死刑好还是无期徒刑好？无期好！这是心里想得开的。无期好，万一大赦天下，无期可能减为有期。以前，虚开增值税判刑，直接可以判死刑。最近这几年取消了死刑，但还是保留了无期。

也就是说，我们在经营企业的过程中，只要不做违法的事，你最多就是损失点钱。你一旦违法犯罪，可能损失的就是命。所以，你们告诉我经营企业最大的风险是不是亏损？不是亏损，是什么？是财税风险！

所以，换一行写上“引起最大的风险是财税风险”。

我来调查一下，在座的各位，没有买过发票的，举个手。就有 3 个人举手啊。意思就是说，除了这 3 个人没买过发票，其他可能都多多少少买过。可能不是你本人买的，对吧？

你看中关村那个地铁口，出口都是买卖发票的。所以网上有笑话，说中关村北大、清华的教授生了孩子以后，学会的第一句话不是叫爸妈，是什么？发票。说明企业买卖发票的情况非常严峻。

我再来给大家举个例子。比如说A公司把货卖给了B公司，B公司把货再卖给C公司，看懂这个意思了吗？B公司是核定征收的，是定额纳税的小公司；经销商相当于C，C需要发票，就找B要；B说对不起，我开不了发票；C说那我不管，反正你卖东西给我，必须给我开发票。B说实在不行，我让我的供应商直接把发票开给你。这种情况常不常见？常见。

你们认为A、B、C这三种情况，如果要被查出来，抓谁？抓几个人？抓9个人，3个公司抓9个人，哪9个人？A、B、C的老板，A、B、C的财务，A、B、C的开票员或者经办人。如果是老板自己经办的，少抓一个。

来，这位学员有什么问题，工作人员把话筒递给他。“张老师，老板是法人还是其他股东？”

这个问题问得非常好，掌声送给他。他问这个老板是指法人代表还是指大股东，听懂这个意思了吧。告诉在座的各位，指的是实际控制人。如果买卖发票这个事情，法人代表在会议室参与了整个讨论过程，那有可能抓法人代表；如果法人代表是个傀儡，比如说是个看大门的，对整个事情一点都不了解，谁做的决定，谁是真正的老板就抓谁，听懂了吗？和是不是法人代表没有关系。

当然，很多老板都不是自己公司的法人代表，而是找其他人当法人代表。有这么一句话，“法人，法人，就是被绳之以法的人”。上次我在望京碰到一位老板，一个月花5,000元请人当法人代表，我们在座的各位税务出事了，跟法人代表有没有关系？

我告诉在座的各位，找别人来当法人代表只有一个“好处”。就是税务局来查的时候，把法人代表给抓了，结果法人代表一问三不知。这个时候问清楚了谁是真正的老板，然后再来抓老板，老板已经获得了两小时的黄金逃跑时间——这是找别人来当法人代表的唯一“好处”。但这根本解决不了老板违法犯罪的问题。

去年我在回龙观碰到一个老板。这个老板很有意思，他的公司在昌平，招聘了一个财务经理，那个财务经理刚开始上班时开的是奇瑞QQ，过了两年，我在西单碰到了那个财务经理，已经换成奥迪Q7。从QQ到Q7，这个进步还是挺大的，是吧？因此收入从哪里来？从她的家庭状况看不像是能开Q7 的人。

经过调查发现，财务经理对外偷偷卖发票，老板根本不知情。结果，这个老板胆子也太大了，他跑到回龙观税务局去问，当然这个老板不会直接问我们企业有人卖发票，你看怎么处罚。他旁敲侧击，但是他问的有些问题，税务局前台的人也答不上来。

当时我正好在回龙观昆泰嘉禾酒店讲财务课，那个酒店门口挂了个宣传条幅，税务局的人知道我们在讲课，就跟那个老板说："你去昆泰嘉禾酒店，那正在讲财务课，你去问问那儿的老师。"于是，那个老板就跑到对面找到我，交了十几万元的报名费，说要学财务。因为他知道自己的企业有风险，但他根本没想过要偷税，只是他自己内部管理出了问题。

还有一个问题比较大的杭州老板。财务人员随手在账本上写了"代开"两个字，就是这两个字，被税务局翻账本的时候给翻出来了。因此税务局重点查了这一笔，查到这个企业给乌鲁木齐的一笔交易虚开了400万元的发票，也就是它卖了1,000万元的货过去，开发票开了1,400万元，对方打款1,400万元，然后私下再从个人银行卡打款400万元过来，听懂了吗？老板见到我的时候，是刚从里面出来的第七天。他上完财务课后，就把我叫到一边说："张老师，如果早点听到您的课，我就不会因为虚开400万元发票而违法了。"

前几天，我带来我们的一位讲师，来，这位老师站起来，大家认识一下。这位老师很厉害，她是我们团队的一个合伙人，也是我们主讲课的老师，像今天这种课基本是姜老师来讲。她曾经在一家集团公司做财务副总裁，从一个普通会计，用了20年做到一个企业集团财务副总裁的位置，也是很不容易的。她上次在杭州讲课的时候，我在会议室外面坐着，她在里面上课，当时有一个学员跑到外面来，腿一个劲儿打哆嗦，交谈后才知道他是因为倒卖银行承兑汇票。所以，很多企业都是财务人员财务管控没有做好，直接给老板带来风险。我问你们，财务上出事，都是什么原因导致的？

我再给你们举个例子，很多企业的报表一看就一堆问题。我们切换到刚才那一页PPT，给你们看一下。先看这一页，这个报表有问题没有？看不懂啊？看不懂很正常。我们现在不看别的，你们看最下面一行，每个月的销售额800万元，说明一年销售额将近一个亿。你们看账上资金58万元，你们告诉我够不够？不够，不够说明这个企业一定有两套账。听懂了没有？再看它的固定资产20万元，够不够？不够，一年销售额一个亿的企业，结果固定资产只有20万元，说明什么？车有没有啊？电脑有没有啊？有也就两台电脑。典型的皮包公司。它一定有些固定资产，但这些固定资产为什么账上没有呢？原因有两个：要么没有开发票，要么有两套账对不对？

你们看问题来了，要是没有开发票，只有一个原因，说明它有大量账外的销售收入。有人买它的东西，它没给人家开发票，它的收入没有入账。你们再看它的存货35万元，一年销售额一个亿的企业，它的存货只剩下35万了。换句话说，它的货卖得快不快啊？快。早上8点进的货，上午11点就卖光了；下午1点进的货，下班前又卖光了。所以它的周转速度那是太快了。什么样的企业会出现这种情况？你们看看它的同行，再对比一下，基本上就知道这个企业一定存在财务不规范的行为。

你们再看看它的交税情况，一个月才交多少钱呢？6万元。你们看它的未分配利润25万元，也就是说辛辛苦苦一年销售额一个多亿，最后才赚了25万元。

我现在再问在座各位一个问题，你们觉得今年的经济形势好还是不好？不好！你们看中央提出了三个字——新常态。什么叫新常态啊？就是GDP增长放缓，很长一段时间都是这个样子，就会形成一种正常状态，所以叫新常态。你们告诉我，新常态下企业经济形势都不好，国家收税难了还是容易了？难。国家收税难了，还要保证财政收入的增长，用什么手段？对不起，只能对企业越来越严了。所以，不会说现在经济形势不好，企业赚钱难了，国家就放松管理。相反会严查，这种情况下企业赚钱就更难。

对于企业来说，条条大道通罗马。每个企业往往都有多种方法来降低成本。

其实，企业纳税有三种方法。第一种方法是使用合理合法的手段降低成本；第二种方法是在大体不违法的情况下搞些小动作；第三种方法是企业完全没有缴税行为。我问你们，这三种方法，你们用哪种方法？哪种方法技术含量高？《天下无贼》里说，就算当贼也要当有技术含量的贼，对吧？

那么我问你们，既然前两种方法难一点，于是大部分老板更喜欢用什么方法呀？第三种方法。其实我们只需要稍微学一些合理降低企业成本的方法，就可以有效地解决这个问题。在咱们课程大纲上写着税筹规划 108 招，当然，今天我没有时间来给大家一招一招地讲，但是以后有机会再详细给你们分析。很多企业在 108 招的指导下，成本都降下来了。

对于企业来说，要不要 108 招全用上？不用。用三五招就够了。农科院有一个教授，他一年的利润是 4,000 多万元。我们帮他做了一个财税统筹规划，一年节省了资金 800 多万元。所以很多企业都是有财税筹划空间的，关键在于有没有去精心设计。

我们来回顾一下。对于企业来说，第一个利润叫什么？经营利润。第二个呢？现金利润。第三个呢？税务利润。这三个利润哪个利润最高啊？

其实，好多企业都是在赚税务利润。有一个老板跟我说：“张老师，我要合法纳税，我的企业就不赚钱了。”也就是说，他赚的钱，正好就是税钱。你要让他合法纳税，这个企业就完了，一点利润都没有。这种企业，赚的就是税务利润。

民营企业财务的 5 个级别

大家换一行写上“投资回报”。我问你们，是利润高好还是投资回报高好？投资回报高好。比如，我今年有 30% 的利润，但是我的投资回报率只有 1%，好不好？不好。也就是说，投资 100 万元当年才赚了 1 万元，利润再高有用吗？没用。当然，一般情况下利润高，相应来说投资回报率也高。

在座的各位，你们的投资回报率是多少？没算过是吧？来，算过的，举手看一下。没人算过，一个都没有啊？你没算过，说明你没关注，没关注投资回报率必然降低。

举个例子，比如你在北京开个餐馆，投资 500 万元，多长时间回本你才愿意投？三年，也就是一年的投资回报率33%。假如八年回本投不投？不投。

八年回本不投，八年回本投资回报率就是12.5%，12.5%的投资回报率你们都接受不了，也就是说你们要求回报率最少都是30%。而你们算一下民营企业投资回报率是多少？

在我看来，50%以上投资回报率才算成功，低于25%说明你的投资回报有问题。那么投资回报怎么提高呢？来换一行，写上一个公式："投资回报率=利润率×周转率×财务杠杆"。好，再换一行，我们来举个例子。假如说利润率是10%，周转率是1次，财务杠杆也是1，你们告诉我等于多少？10%。也就是说，投资100万元，当年赚多少钱啊？10万元。投资回报率10%，投资1,000万元赚100万元；投资1个亿，赚1,000万元。10%的投资回报，你们觉得投资回报率10%高不高？不高。那现在要提高，你们告诉我怎么办？

来换一行，再计算出结果。先把利润率提高1倍，比如说20%。周转率也提高1倍乘以2，财务杠杆也增加1倍乘以2，等于多少？80%。翻了几倍？8倍。容不容易？

不容易。其实翻 2 倍都不容易，但是翻 1 倍还是容易的。也就是说，你们把财务搞明白，然后知道管控点在哪里，这时再把投资回报率提升 1 倍，还是容易做到的。

我再问你们，原来投资 1,000 万元赚 100 万元，现在投资 1,000 万元赚 200 万元，直接让你多赚了 1 倍的利润，这算不算大利润？

好，我们再来看一个案例：某山寨手机，它的利润率只有 1%，你们告诉我，它的投资回报率有多少？利润率只有 1%，一部 300 元钱的手机，只赚多少钱？ 3 元钱。赚得多不多？不多。一部 300 元钱的手机只赚 3 元钱，但是它周转一次是 3 天。从组装到售出只用 3 天。一年生产 100 多批货，它周转 100 多次，所以乘以 100。假如说它没有借钱，全部是它自己的钱，再乘以财务杠杆 1，等于多少？ 100%。也就是说，虽然它的利润率只有 1%，但是它的投资回报率是 100%。

所以，你们觉得做山寨手机赚钱不赚钱？别看它利润低，但是它照样赚钱。看完这个案例，你们现在告诉我，提高投资回报率最重要从哪个指标入手？周转率。

来换一行写上“什么是周转率”。周转率就是赚钱的速度。周转越快，赚钱越快。周转 1 次就赚 1 次钱，周转 100 次赚 100 次钱，周转 1000 次就赚 1000 次钱。现在企业之间比什么？比谁的周转速度快，而不只是比利润。利润只是一方面。

周转速度取决于什么？换一行写上“周转速度就是企业内财务管理完善程度的标志”。你内部的财务管理做得越好，你的周转速度就越快。换句话说，所有财务管理都是为了让企业增加周转速度。

你们看明白这句话，再告诉我，什么情况会影响周转速度？首先，财务跟业务脱节会不会影响周转速度？会。比如说存货多，会不会影响周转速度？你们再告诉我，生产、采购、销售、财务哪个部门需要多投入？销售需不需要多投入？生产需不需要多投入？采购需不需要多投入？需要。只有一个部门投入少，哪个部门？财务。财务占用资金，而采购人员天生就喜欢多买东西，因为回扣多。所以，当财务跟业务对存货的态度不一样，财务跟业务打架的时候，你们告诉我谁能打赢？业务。生产总监跟老板说，把财务总监干掉，要不然我们三个集体辞职。老板虽然知道财务是对的，但是他为了保证业务正常运营，会怎么样？

来，换一行写上“财务与业务脱节，必然导致周转速度低、风险大、成本高、投资回报率低”。逻辑很明白吧？有些企业投资回报率低，其中一个原因就是财务与业务脱节。而怎样才能让财务和业务不再脱节？有人说财务跟业务互不关联，有的业务人员已经把业务做完了，不知会财务，等到两三个月后客户要发票的时候，财务部才知道数据。财务跟业务严重脱节，也就是说企业的流程、财务管控出了问题，怎么做？

来，换一行写上“财务业务一体化，用财务来支撑、管控、监督业务的运行”。这个时候业务跟财务完全融为一体。那怎样才能一体化呢？换一行写上“如何建立一套完善的财务管理体系”。很多企业都没有做到这一点。

换一行写上“大财务与小财务，什么是小财务，什么是大财务”。我先问在座各位一句话，听了这么久，你们告诉我什么叫财务管理？数据化管理。

来，写上“财务管理”。财务管理的定义没有标准答案，我们这里记一句话“钱流到哪里，财务就管到哪里”。也就是说，生产、采购、销售这些地方都要不要用钱？要。要用钱的地方都是财务需要管的地方。所以你们告诉我财务的手伸得长不长？长。它是不是只管财务部的事？不是。财务是管企业很多部门的事情，只要用钱的地方，都是财务手够得着的地方。所以你们说，财务管理是不是企业管理的核心？

来，再换一行写上“财务，是财务部的财务还是企业的财务”。我们把这种财务部的财务和企业的财务分成小财务和大财务两大类。什么是小财务呢？就是很多企业的财务只是站到会计的角度做一些简单做账的工作，这就叫小财务。所以小财务后面打个冒号，写上做账、报税、管钱。（小财务：做账、报税、管钱）

我问在座的各位，你们企业的财务主要做哪些事？做账、报税，这就是典型的小财务。但是老板需要的是小财务还是大财务？来，写上“大财务”。大财务包含哪些内容呢？大财务包含的内容就多了，比如说股权设计、投资分析、融资上市、并购重组、风险管理、流程设计、内部控制、信息系统、决策支持、成本管控等等。小财务只是做大财务工作内容的一小部分，那么需要大财务还是小财务？大财务。

当老板需要的是大财务，而我们财务做的是小财务的事情时老板就会有什么感觉？不满意。所以，换两行写上“80%的老板对自己的财务都不满意”。现在你们理解为什么老板老对自己的财务人员不满意了吧。大财务所做的这些事情总要有人做，谁来做？老板自己做，也就是说老板需要兼任财务总监。所以，换一行再写上一句话“老板才是真正的财务总监”。以后你们都是老板兼财务总监。

举个例子，公司资金链断裂，是财务着急还是老板着急？老板。税务局要来查账，是老板着急还是财务着急？老板。所以，老板才是真正的财务总监。但是老板懂不懂财务？懂一点。但比起营销或其他管理，财务方面是老板最大的短板。所以，写上“财务是老板最大的短板”。我问在座的各位，财务这个短板要不要弥补？要。

绝大多数老板都有一个顾虑，就是“财务这个东西太难了，我学不会的，所以就算了。短板就短板，这辈子也不学了”。有些事情是可以绕过去的，而财务这个事情能不能绕过去？不能。既然绕不开，只有想办法克服。但有时候会面临一个问题，就是老板想学财务的时候，财务人员却反对。

我们发现很多财务人员反对老板学财务。老板问财务，我要不要学点财务？财务说，学它干吗，你又学不懂。财务人员为什么反对老板学财务？因为老板学会后就能发现财务人员的水平高不高了。老板一懂财务，就开始给财务人员提要求，这个我要，那个我要，这个你做得不对，那个有问题。这时财务人员就开始头痛了。以前老板什么也不懂的时候，他说啥是啥。

所以，大家今天晚上下课回去后，可以测试一下你们的财务人员，打个电话说自己想上个财务课，问他觉得怎么样，如果他说好，说明这个人跟公司是一条心的，跟老板是一条心的，他是期望企业做好做大的。如果他说没必要，学它干吗，说明这个财务有私心。

我们再来看一下民营企业财务的五个等级。

第一等级叫流水账级。在座的各位有没有做流水账的？一般多大规模的企业做流水账？流水账主要是算清楚资金的进出，包括报销、往来等。流水账只适合年营业额在 500 万元以下的企业。也就是说，如果这个企业营业额超过 500 万元，还在记流水账，一定不利于企业发展。

当然有的企业一边记流水账，一边找代理公司来记账。在座的各位，你们有没有找过代理记账？有。找代理记账的好处是什么？成本低，不用雇一个专职财务人员。专职财务怎么也得要 5,000 元，请个代理记账给他 1,000 元或 500 元就可以了。代理记账会不会为企业负责任？不会。他一个人记几十家企业的账，哪有时间来为你负责任，你给多少票他就记多少账。这种情况下，当你把企业的账拿回来的时候，肯定会累积不少风险。要么罚款，要么补税，甚至面临更严重的问题。

当然，有的企业知道记流水账不行，就开始招聘专职的财务人员组建财务部，开始记什么账。来，写上“糊涂账期”。这就是财务管理的第二个等级。你们说，公司刚开始组建财务部，招聘的财务人员是工资特别高的还是工资一般的？一般的。找一般的人，比如说每月花5,000~8,000元请过来的人，能不能把账记得清清楚楚、明明白白？所以找过来的人记的账就是一个糊涂账。糊涂到什么程度呢？就像我刚才说的做酸豆角生意的老板，一年营业额4亿元，但是赚多少钱不清楚，这就是典型的糊涂账。

当老板实在是忍受不了糊涂账的时候，企业就开始想进一步的突破改变。这时候它就进入了第三个等级，叫“财务变革级”。首先他意识到了这个账不能再糊涂下去了，他开始想要改变，但是在“财务变革级”的时候企业最容易犯什么错误？就是犹豫，纠结，下决心比较慢，往前走三步往后退两步。

比如说江苏一家企业的老板，是个“80后”，做电梯配件生意，一年营业额也4亿元左右。他当时听完一节课后就把我们的课全买了，一共几十万元。买完课以后，邀请我们去他的企业看一下。我们刚坐下来聊天还没两分钟，他的电话响了，是客户打来的，“张总你发了一笔货给我们，怎么到现在还不来结钱呢？都一年啦。”这个老板当时就很惊讶，还有这样的事？他马上就跟财务打电话，让财务查这笔账。结果财务查了半天，说账上没有，这客户不欠我们钱。老板当时气得就想拍桌子，怎么可能呢？人家都主动打电话过来了。后来财务查了两个小时，终于查出来，确实有一笔170万元的账漏记了，然后赶紧把发票开给对方，对方很快就把钱打过来了。

吃晚饭的时候我就说了一句话，这个老板晚上就失眠了。你们猜我说了什么话？我说，“张总，难道去年漏记的只有这一笔吗？”一年营业额4亿元的企业，老板财务课也报了，钱也交了。我们第一个月给他打电话，通知他来上财务课，他说太远。当时我在北京上课，他说什么时候在上海就去。第二个月给他打电话，他说要去参加一个产品交易会。第三个月给他打电话，他说要出国。等到第六个月的时候，他的公司因为增值税发票的问题出事了。他说看来财务问题不应该拖，应该早点解决。后来他表示，“张老师别说在北京了，在国外我都要去听课。”后来我们帮这个企业把整个流程体系，包括财务团队的人员统统换掉。整体优化过后，上一年的营业额就有 9 亿元。

一个“80 后”的老板，在财务变革期意识到问题，但是没有立刻下定决心，嫌远嫌麻烦。经常有南方的一些人说，什么时候到我们这里来讲课？我说对不起，财务课只在北京讲。为什么在北京讲？因为财政部和国家税务总局都在北京。

当老板在财务变革期真正下定决心要往前走的时候，就走到了第四个等级——“财务系统级”，就开始建立财务规范的制度流程体系。你们告诉我，一个企业要想上市，要达到第几级？最起码你要达到第四级。但是最近很多企业新三板已经挂牌了，结果财务系统还是在第二等级、第三等级。我感到非常奇怪，你们的财务这个样子怎么就挂牌了？结果后来发现基本功没打扎实，所以还得重新做财务咨询，做内控制度流程体系，做财务规范化管理。

已经挂牌了新三板，结果发现财务系统都没有达到第四等级。来写上最高等级——第五等级“财务价值级”。

哪个公司达到第五等级了？华为、海尔这些公司都达到了第五等级。华为从第四等级走到第五等级，也就是2008年的事情。2008年，华为找IBM公司做了一项咨询，你们猜它给IBM付的咨询费是多少？1,000万元？岂止啊！仅咨询费一项，还不包括其他的人工费就付了足足3,000万美元，当时咨询项目的名字就叫财务升级咨询，就是从第四等级走到第五等级。

听完这个等级以后，我问在座的各位，你们处于第几等级？

上次有一个老板带着财务来听课，老板就问他的财务经理公司属于第几等级，财务刚来上班，他不好意思说太差，也不好意思说太好，就说属于第四等级。老板还挺高兴的，跑过来跟我说："张老师，我们属于第四等级。"我问了他两个问题，结果发现他的公司明显属于第二等级。我问你们，你们的目标是第几等级？应该是第五等级，往第五等级走，即使没达到第五等级，也在往第五等级去的路上。

我们再来看，换一行，写上"财务升级的四个步骤"。

第一步，老板要成为一个懂财务的老板；

第二步，企业要有数据化管理的高管环境；

第三步，建设一套完善的财务系统；

第四步，打造一支强大的财务军团。

这四步中，你们告诉我最关键的是哪一步？第一步。最难的是哪一步？第三步。没有最关键的第一步，也就没有后面升级的步骤。

我以前犯了一个错误，我总是给那些注册会计师、财务总监讲课，结果讲了半天发现他们听是听懂了，但是回去后公司变化不大，什么原因呢？老板才是真正的财务负责人。所以，如果老板不懂财务，财务总监懂得再多也没用。那么你们现在告诉我，老板要成为一个懂财务的老板，这个难度大还是不大？大。用不用像财务那样去大学里学 4 年？不用。那老板学财务跟财务学财务有没有区别？有。

来，在下面写上“财务人员学造车，老板学开车”。造车容易，还是开车容易？造车需要学 3 年，开车需要学多久？3 个月。在我看来 3 天都够。为什么？1 天 10 个小时，3 天 30 个小时，能不能学会开自动挡的车？剩下的就是熟练问题，所以 3 天就可以学会财务。但是很多老板都认为财务非常难，学不懂，一看数字就头晕，说太枯燥了。

老板学财务存在困难，你们认为是老板的问题还是老师的问题？我认为是老师的问题。只要这个老板能当上老板，说明他智商没问题。那智商没问题，虽然学历有高有低，不管是研究生还是小学没毕业的，他都能进行简单的计算。

我曾经统计了一下，发现只要会打麻将、会打扑克的人，都能学懂财务，因为打麻将的人大部分都能算计几个数。能不能学懂取决于老师，跟老师一学，大家学着学着就睡着了，因为听不懂。跟我学大家感觉能不能听懂？能。我不敢说自己是财务水平最高的，但是我敢说在中国讲财务，能像我讲得这么通俗、易懂的不多。为什么？因为我以前当财务总监的时候管过业务，也管过营销。所以知道怎么跟业务人员打交道，也知道怎么跟老板说财务他才能听懂。我如果说的都是专业术语，你们马上就会开始打哈欠。所以以后你们就知道了，下面没有人睡着的，就叫讲得好的。你们环顾一下四周有没有睡着的？

接着写上“老板财务核心”6个字。老板要学财务，如果3天时间要学会，学太多内容没用，要学就学核心，不能学外围。学核心就学5个字。大家一行写上1个字“资、税、账、管、人”。来，大家大声把这5个字读一遍，哪5个字？“资、税、账、管、人”。

这5个字什么意思？我来解释一下。

资是资本、资金、资产，这几个大家都非常熟悉。税是企业纳税的3种方法。第一种方法是使用合理合法的手段降低成本；第二种方法是在大体不违法的情况下搞些小动作；第三种方法是企业完全没有缴税行为。

账是糊涂账、分钱账、分析账。什么叫分钱账？你们要给高管分钱，要做股权激励，分钱的账就是分利润的账，这个账怎么做是有一定学问的。分析账就是老板要看哪些报表？报表怎么设计？哪些数据是必须看的？哪些是可以不看的？我专门给老板设计了13个指标和6大报表。这6大报表只要老板识字就都能看懂，根本不需要有任何财务基础。而这13个指标，我把它做成了13盏灯，每一盏灯都向你反映某一方面的问题，以后老板只要看这6张报表和13盏灯就可以了。

管是管利润、管运营、管风险。我们要利用财务管控我们的业务，用财务去支撑我们的业务。老板要打通财务和业务之间的通道，就像人体的任督二脉。把这个真正打通了，就知道什么东西要财务去管，如何用财务去管控业务。以后老板就可以用财务的语言向业务人员提要求。老板懂得提要求了，就可以用财务的工具和思维方法对整个业务进行掌控。

人，主要是指财务人员管理。我问在座的各位，你们说财务人员好管还是不好管？不好管。为什么不好管？说话说重了，他拿着财务数据就去税务局了。上次望京有一个老板给我打电话，他面试招聘一个财务人员，发现这个人还不错，但是在网上查了一下身份证是假的，他问这个财务要不要用、能不能用，不能。

为什么财务人员管理这么难？因为他们有自己的个性。我上次在大兴碰到一个财务人员威胁老板，财务人员给老板发了一个短信，“老板，关于那些做两套账、买发票的事情我都能想办法，但是工资该涨了，你看原来8,000元一个月，涨到16,000元吧！”老板心里非常气愤，你要涨2,000元没问题，问题是一下子翻了一倍，我现在同意了，过两天又翻一倍怎么办。

还有海淀的一个财务人员，直接把工程报价的一个文件设了密码。老板娘问他密码是多少，结果他说老板该加工资了。意思是什么？你要不给我加工资，密码我就想不起来了。

所以大家在本子上写上“财务人员必须是老板的心腹，否则就会成为心腹之患”。

通过两个小时的学习，对大家在财务管控方面有没有一点帮助？有。如果认为对自己有帮助的请举手让我看一下！

好，今天的课程就到这里，我们下次继续学习“财务体系”构建。

编者注：该演讲稿为张金宝老师在北京给60多位企业家及高管做的一场关于财务方面的真实授课。当时60多位企业家听完课程以后，有40多个人报名参加了张金宝老师的关于财务体系规范的课程，现场笑声与掌声不断，而且在轻松愉悦的学习气氛中，众学员掌握了实用的财税风险管控知识。

这是一场非常出色、成功的演讲。在此我们把演讲稿摘录整理，希望对各位企业家读者有所帮助，希望轻松的口语化表达可以帮助大家提升财税的管控思维。

|第二章|

C A I W U D E L I L I A N G

财务咨询的故事

2

雄心乍起——上市的骄傲

这两天贾总心绪不宁，自从会计师事务所不辞而别，他就感觉公司挂牌新三板的事情要黄。前几天那个事务所的项目组离开时简直是匆匆又匆匆，匆忙得都没向他这个董事长打声招呼。

问了财务的老陈，事务所最近有没有联系，老陈也是支支吾吾说不出个所以然。唉，贾总拿这个老陈一点办法都没有，50 多岁的人了，公司创立之初就来了，会计干了几十年。原以为他很懂财务，要不是最近因为新三板的事情，事务所和券商来做尽职调查，还真没想到财务会有这么大的问题。

一想到新三板，贾总的思绪又回到了 3 个月前。那时贾总正在长江商学院读EMBA（高级管理人员工商管理硕士），一次课堂上分享创业经验，贾总即兴演讲，临场发挥得非常到位，行业背景、未来趋势、团队的管理、人脉资源等，效果落地恰似行云流水，市场预期更是蒸蒸日上。本来他的肤色有点黑，但黑黑的脸倒衬托出明亮的眼睛，一笑起来，满口的牙更显得洁白，彰显出创业成功人士的魄力。

同学们都被贾总的慷慨激昂带动得群情激动，当贾总大声喊出企业的slogan——“引领新传播时代的力量，源自永不停息的创意灵魂”，引得满堂喝彩，掌声持续3分多钟。

课后，一个券商同学尹总专门候在教室门口等他。一番恭维又让贾总的虚荣心异常满足，于是他们携手走进校门口的茶馆继续高谈阔论。

茶馆中的主角换成了尹总，他给贾总详细介绍了目前资本市场的热火朝天，新三板市场的蓬勃之势，如何做市值、做市商、分层目标、创新层转板云云。“创新层太适合贾总的企业了，简直就是为您量身打造的板块，不上真是可惜。”尹总表示愿意帮助贾总踏入资本市场，两人携手共同把企业做大做强，前途无量。

随着尹总口若悬河，手中茶盏的起起落落，两个人已经喝了两壶水了，贾总的心境也豁然开朗：这么好的时机，这么好的产业，这么好的团队，不上市岂不可惜？自己今年43岁，即使再奋斗5年上市，那时候也才48岁，恰似抓住青春的尾巴，我老贾也抓一抓资本市场的尾巴，做一回上市公司的老总。嗯，那感觉应该好极了！

第二天，贾总召开了几年来的第一次股东会。为什么是第一次呢？很简单，最近几年一次也没开过。

股东不多，加上贾总也就4个：老张、老徐和不参与经营的老顾。虽然以前没有开过股东会，贾总依然还是用口才弥补了会议程序上的不足，现学现卖地将尹总对大势的陈述变成自己的预判。新三板、创新层非我莫属！兄弟们，咱们干不干？明年登陆新三板，至少能拿到5,000万元的投资！

什么也别说了，老大都定好目标了，撸起袖子干就是了。

于是乎，新三板挂牌专项小组就成立了！财务顾问合同直接跟尹总签了，总额 120 万元，先付 60 万元启动吧。律师、会计师也是尹总推荐的，第二周就进场做尽职调查。要干咱就快上马，立刻行动起来，效率高得不得了。

公司要上市的消息传到了会计老陈耳朵里，无异于一声霹雳，雷得老陈外焦里嫩。贾总不是疯了吧？公司什么情况不知道吗？就我整天处理的这些乱七八糟的事也能上市？再看看手里律师发过来的《尽职调查函》，上面列示的制度、档案、商标、专利、专有技术等指标，大部分老陈都没见过，都是些什么鬼？

再看事务所发来的《尽职调查函》，满眼都是各种表、各种账，还有资产与往来状况等，这让老陈上吊自尽的心都有了。贾总现有的 4 家公司中 2 家由代理记账公司记账，到底记得怎么样，天知地知，反正我不知道。整个财务就一个会计和一个出纳，出纳还是贾总的姐姐，就管钱，剩下的什么都不干，每月连银行对账单都不给我，现金就更不用说了，会计账上的金额能对上才怪呢。要这么短的时间都准备好，岂不是要我的老命？不行，我得让新上任的总裁张总给财务部增加两个人手。

贾总的公司有两个业务板块，一个是贾总亲自负责的旅游，一个是张总负责的媒体广告。这两年各省都开发绿色经济，旅游首当其冲，旅游推广更是各地政府财政预算中必不可少的一部分。贾总敏锐地嗅到了旅游推广的商机，便抽调一个业务部门专门做相关业务，从政府旅游网站建设到文案设计、活动策划、宣传片拍摄、logo、slogan、宣传手册、大型公关活动，等等，整个产业链层层突破，一时间团队忙得是天昏地暗，市场竞争也是非常惨烈。

贾总带着人数不多的团队忘我地工作，几乎不分昼夜，各种修改修改再修改，竞标竞标再竞标。天道酬勤，通过两年的不懈努力，硬生生杀出一条血路，业务范围从广东、广西、海南，拓展到山东、山西、河北、江苏，后来更是扩展到新疆、西藏、内蒙古，营业额也是突飞猛进，到现在都快过亿了。

张总开完第一次股东会后心潮澎湃，激动得有些睡不着。他跟贾总是发小，从小学到高中都在一起，贾总刚创业的时候就带着他一起闯荡。他鞍前马后，谨遵贾总指示。虽然近年来地产市场不错，媒体推广业务量也呈上扬之势，但竞争也是惨烈至极。加上这两年贾总忙于旅游推广业务脱不开身，广告业务一时呈现群龙无首的状态。

危难之际，幸亏张总挺身而出，拢人心、找资源、狠抓销售，一路拼杀不仅稳住了市场，还把业绩带到了前所未有的高度。张总虽然看不懂老陈送来的报表，但是至少看懂了账面的现金好像是多了很多，应该说真的很多，都快1个亿了。

现在要挂牌新三板，贾总又在会上宣布张总升任广告板块的CEO（首席执行官），虽然公司上下加起来也就百十号人，但大小也是个CEO啊，未来还要携手贾总一起去敲钟，见证奇迹的时刻就要到了！哇哦，心情简直要飞起来了！

“叮……张总吗？”手机里传来会计老陈的声音。

“老陈啊，有事吗？”

会计老陈马上听出了张总心情不错，趁机恭贺，“恭喜张总荣升总裁！”

“嗯，老陈，你也知道了？多亏了兄弟们的支持啊！”

“张总，下周律师、会计师要来咱们公司做尽调，财务部就我一个会计，平时工作那么忙，这块业务我也不熟，您看是不是……啊？”

老陈的心思张总哪能不明白。当场就答应下来。先找两个有经验的，让老陈把工作先抓起来，都要上市了，就别在个把人上抠门了。

问题丛生——审计的无奈

事务所终于进场了，一行 4 人全是女将。带队的 40 岁左右的样子，姓严，严肃的严，她还真对得起这个姓，不苟言笑，高深莫测。其余的几个挺年轻，20 岁出头好像刚毕业没多久，每个人肩上都背着一个电脑包，好像旅游刚回来。

老陈从楼下把几个女将带到会议室，嘴里热情地叫着“严老师”，心里却忐忑不安，就像刚见了公婆的丑媳妇。

会议室里，严老师眉头紧锁，看着资料清单上稀落的几个“√”，其他的不是没有就是没准备好，脸上露出了不悦之色：开什么玩笑？不准备好资料就催我们进场，要不是看在昨天进账的 25 万元审计费的面子上，早就发火了。

“陈老师，您就先介绍介绍公司情况吧。”想着总额

50 万元的审计费，进场前就收了一半，另一半肯定也跑不了，严老师语调倒是温和了许多。

“好，好，好！”老陈满嘴答应，却不知从哪里开口。这阵势好像以前从没碰到过。“我们公司吧，业务还是比较简单的，主要就是做旅游宣传的。”

“嗯，具体都做什么？”严老师引导着老陈，局面好像融洽了许多。

“什么？地产广告的账也要看！”张总听完老陈的汇报，有些坐不住了，站起来左右踱了几步。这块业务可是公司的软肋，这个账的规范程度可想而知。如果拿出来，不知道会有什么后果。

“你跟严老师商量商量，这次挂牌的是旅游板块，地产板块不包括在内，是不是就别麻烦了？”张总心存侥幸地指示道。

“应该不行啊，张总。这个严老师说旅游板块的一部分客户也是地产的客户，虽然涉及资金只有不到 3,000 万元，但是也属于同业，需要关注是否存在同业竞争和利益输送。严老师说了，同业竞争可不是咱们理解的那样子哦。”老陈面露难色，仍不忘卖弄刚刚学来的“同业竞争”。

“哦，那得跟贾总汇报汇报，这块不好处理啊！你先回去吧，一会儿我叫你。”张总坐回椅子上，点上香烟猛吸几口，稳了稳心神，拨通了贾总的手机。

“老贾，审计需要看地产公司的账，那部分不好办啊，你想想，以前咱们……”张总的声音低了下去，眼光时不时地瞟向门口，手里的烟头在阴暗中闪着火光。

此时尹总的电话也打到了贾总的办公室：“老同学，关于地产方面的经营资料也需要提供一下，有问题的话，咱们关起门来都可以商量。”

张总和贾总沟通过后，拨通了会计的电话：“老陈，地产广告的财务资料你整理好再提供吧，有事情再商量。”

会计老陈真是欲哭无泪，嘴唇动了几下，终于还是没有说出心里的担忧，迟疑了一会儿就出去了。

严老师看着会议桌上一摊尚未装订的凭证，不禁有些无语，这都是什么啊？凭证一页页用长尾夹夹着，装在塑料袋中，表面用铅笔标着月份和年份，让人有种无从下手的感觉。

“别等着了，大家一起上吧。”严老师把心一横，招呼大家说，“不管怎么样，大家先看了再说。”

三个审计对视了一下，然后各自抱了一些资料到座位上，快速翻阅起来。

夜已经深了，老陈还在财务室，这是他几年来第一次主动加班。他的座位斜对着会议室，侧侧身就能看到会议室里忙碌的几个审计。审计师进场整整一周了，严老师说今天进行收尾工作，之前发过来的沟通问题初稿已经够多的了，今天估计还会再给出一些。

本来今天的工作不太多，可是现金盘点过程中被翻出保险柜中有一大堆现金，都是账上根本没有的。出纳说是董事长个人借给公司的，可是又拿不出借条。顺着这条线索，审计助理查出一年内公司转给一个非公司人员的个人账户 6,000 多万元，业务性质也解释不清，出纳说只有董事长贾总清楚。

另外老陈抽屉中好几百万元未认证的发票也解释不清楚，只记得是张总给的。这个张总也是的，既然那么多收入不确认，为什么还让对方给我们开发票呢。其实老陈也不知道究竟哪些付款需要对方提供发票，哪些不需要提供发票。那么多的钱进进出出，每期缴税都是按底限比例申报的，进项不足的时候就多认证几张这样的发票，随用随取，很是方便。

哎呀！老陈一拍脑袋，真是忙晕头了，没藏好被严老师发现了。真是的，发现就发现了吧，关键是老陈脑筋短路，也没想好怎么解释，在严老师犀利的目光下，稀里糊涂地就把一部分未确认收入的业务说出来了。

什么也别说了！严老师让老陈统计这3年来究竟有多少收入没有确认。现在老陈还在计算呢，都快到5,000万元了，看着银行POS流水账单，估计没有两小时是算不完的。

“陈经理，账面大额的应付账款常年挂账，是成本还是费用？既不还钱也不提供发票，到底是怎么回事？”严老师端着电脑出现在会计老陈面前，老陈望着狐疑满面的严老师，真心不想回答这个问题。

“这个问题吗？还真得给我点时间查查，公司这几年业务量太大，我有些记不清了。”老陈装得迷茫而又诚恳，他这张老脸真的是顾不上了。

“工资表中高管的工资也就不到1万元，打死我都不相信在北京这个城市高管的工资连1万元都不到！真的这么少吗？”严老师继续不依不饶地问：“你们是不是另外有本内账？你们公司真实的情况是什么样子的？从账上数据看，你们公司应该在3年前就倒闭了！真是‘长亏不倒，活得还挺好’啊！”

“哎哟，您说得真好！我们早就想跟贾总说涨工资了，您都看出来我们工资太少了！”老陈避重就轻地调侃。

“哼！上坟烧报纸——糊弄鬼呢！”严老师心里暗暗嘀咕着。

“陈经理，时间挺晚的了，我们这次工作就告一段落，回去以后我整理整理，再给您发一个交换意见稿，到时候具体问题咱们再沟通。”

“好！好！好！”老陈终于能够喘口气了，“老师们都辛苦啦！时间太晚了，你们打车回去吧。”

惨遭抛弃——财务死亡诊断书

进场结束的第五天下午，券商尹总就收到了会计师事务所终止业务的通知。让尹总纳闷的是，事务所现场工作都已经做完了，为啥后期的25万元审计费主动不要了呢？

尹总赶紧拨通了事务所合伙人老夏的手机，“老夏啊，怎么回事？贾总的公司有什么问题吗？哦……问题这么严重啊？那您在所里等我，我马上就到！”

在会计师事务所的所长办公室里，夏总和尹总面对面坐着，他们已经就有关问题沟通了快1个小时了，面前的A4纸涂涂写写已经换了五六张了。

夏总比较白净，笔挺的西装衬托着伟岸的身材。他在审计领域混迹多年，在业内有一定声望，前两年还在发审委做过委员，帮助过很多企业解决财务问题，这次是真的没有更好的办法了。

夏总沉默了一会儿，委婉地说：“老尹啊，这个企业的基础不好，又有那么多问题，现在监管趋严，稍有不慎就会陷进去。这段时间我们的业务特别多，没必要在这个民营企业身上耗费太多精力。咱们合作多年，这里我列了一个问题清单，你先让企业自己解决吧。过两年我们再看有没有机会帮他们上市，好不好？”

尹总当然听得出夏总的言外之意，站起身来，拿起那几张A4纸扬了扬，无奈地说：“我来沟通吧！”

第二天上午，尹总准时出现在贾总的办公室。他昨天晚上和贾总约定一定要单独沟通，当贾总给女秘书下达完工作指示，吩咐其退下并关上门，30分钟内不接见任何人时，尹总还暗暗地寻思这公司看着管理得还可以啊：北京CBD（中央商务区）附近6处自持物业，市值超过4,000万元，怎么公司财务管理这么差呢？连业内大咖夏总都不愿意接手，想不通。

尹总从电脑包里掏出电脑，一边打开一边听贾总闲聊。

尹总的脑袋里都是夏总所说的问题，随口附和几句就开始了问题梳理。贾总倒也识趣，赶紧收回天马行空的思绪，正襟危坐地听了起来。

尹总昨晚回去整理了很久，他对着那几张纸，感觉就像夏总开出的企业死亡诊断书，一个一个致命的问题摆在那里。

1. 外账问题明显，报表编制欠缺专业，就像一个个自白书，定期举报老板违规。

2. 个人银行卡结算公司业务收入，流水巨大，三年累计 7,000 多万元。

3. 外账公对私打款 6,000 多万元，非公司员工往来挂账，只借不还；红笔注明：疑似商业贿赂。

4. 应收账款贷方余额较大，合计 1,600 多万元，账龄 3 年以上。经了解，为不开发票的业务款，应结转收入。

5. 账面仅小额列支高管工资，大部分从老板个人银行卡发放，财务风险严重。

6. 常年挂账的应收账款累计近 3,000 万元，经了解，为开发商业务款折抵房款，而房子全部计入老板名下。

7. 公司公关费用支出较大，会计凭证上经常发现铅笔注明：请×××领导桑拿、给×××局长送礼、春节期间业务员××报销、×××委主任出国费用。

8. 大量使用天津、广州、深圳、东北甚至不知名地区的定额餐费发票，每年都有上千万元，跟业务开展的区域没有丝毫关系。

9. 收入确认不完整，导致很多正常支出的增值税专用发票不能入账，形成滞留票。

10. W公司2007年成立，不仅存在上述所有问题，还存在营业税时期开具了大量的大头小尾发票；最近频频收到外地税务局协查通知，被要求把以前年度的发票、合同、银行流水等相关资料递交给北京税务局。

末尾，尹总还不忘备注上夏总的建议：注销W公司，让往事成烟。

贾总刚开始还勉强微笑，听到中间时已经是冷汗直流，到末尾就是尴尬异常了，宛如在同学面前被扒了个精光。前几天的激情演讲还历历在目，而今天的情形，更像是给了自己一记响亮的耳光，幸亏自己肤色黑一点，否则内心的难堪更无法掩藏。

贾总瘫坐在椅子上，都不记得尹总何时告辞的。他叫来了张总，两人足足密谋了两个小时，下定决心一定要尽快注销W公司，由老张通知会计老陈尽快启动。

祸不单行——财务的勒索

老陈接到张总注销W公司的通知时，忐忑不安的心稍稍稳定了些，那个W公司他早就想注销了。这么多年，他提心吊胆地做账，提心吊胆地报税，然后提心吊胆地等待，感觉W公司就像是一个炸弹，不知道什么时间就会爆炸。

这回好了，张总让去注销，和往事Say Goodbye！

会计老陈赶紧通知下属准备W公司的清算资料。这时候，他已经招了两个小丫头帮他做账了，财务经理的感觉也油然而生。虽然公司人力资源部尚未正式下文，但是这有手下就是经理，没有手下就是光杆儿，就算是光杆儿司令终究还是光杆儿，不如有两个手下呼来唤去感觉威风。

两个小丫头果然手脚麻利，当天晚上就把注销需要的表格填好打印出来了，整整齐齐地放在了老陈的办公桌上。凭证和报表装了一个纸箱，只是还是用长尾夹夹着，内容还是原来的内容。

第二天一早，老陈就去了税务局。他按照张总的指示找到了关系密切的税务局领导，恭谨地报上张总的名号，递上了注销申请资料，又按照领导的指示把财务资料放到了指定的位置。然后，老陈如释重负地回去了。

这天晚上，老陈睡得很香，梦见自己在太阳的照耀下跳跃奔跑着，不知从哪里爬出来的自己身上黢黑，跑到村头的小河边一个猛子扎下去，潜游了很久才冒出水面，长长出了一口气。他仰在水面上，身上干净了，皮肤也更显白皙，身边的水波荡漾着，一圈一圈地扩散着……

第三天早上，张总一大早就被税务局领导叫过去了。这个领导和张总是多年的关系，能耐不小，所以一般的小事张总都不好意思开口让人家帮忙。要不是尹总说这事比较棘手，张总还不一定给这个领导打电话呢。

一见面，领导直接就问：“张总，你们财务跟你有仇吗？”

张总一时愣在那里，不知该怎么回答，讪讪道：“领导，怎么啦？我们家老陈是不是惹您生气了？他是个老实人，不会说话，您别跟他一般见识，我回去批评他。”

“嗯，我倒没啥，关键是你们怎么敢把这样的东西送过来，是要投案自首吗？”

张总听明白了！原来会计老陈把审计看到的账原封不动地送到税务局做清算了！审计师不是已经指出那么多问题了吗？他改都懒得改，直接送这来了啊！这老家伙明摆着是要坑我们啊！

“老陈！你还能干不能干啦？想死自己死去，别害我们好不好！”办公室里，张总歇斯底里地咆哮着，要不是他的关系够硬，差点就被税务局领导留在那里回不来了，想想都后怕。办公室外的人员也都停下了手中的工作，大气不敢出，倒是办公室里的咆哮更加清晰了。

老陈在桌子对面低着头，脸色青一阵白一阵。张总把在税务局受的气一股脑地发泄在他头上，老陈心里一万个不服气，上次清算公司还是五年前的事情，什么时候变得这么严了！再说了，我干了这么多公司的工作，哪有时间去学习啊！早知道清算这么多要求，干脆委托中介去清算了，省得领导埋怨自己能力不够。我还不是想替公司省点钱吗？

老陈回到自己的办公室，恰逢贾总的姐姐在。贾姐姐芳龄二十三乘以二，尚待闺中，人送外号“贾大空”。她对公司每个人都没有好脸色，好像除了她可爱的弟弟贾总，其他人都是来公司偷钱的。

老陈从张总的办公室把凭证账簿抱回去，呼哧带喘地，一下没有控制住，把心里的怨言嘟囔出了声：“真不是人干的活！”

“是啊，人哪能干出这样的活！想死非得拉上人家垫背。”贾总的姐姐阴阳怪气地说。张总的咆哮想不听到都难，她已经知道发生了什么，这句话倒像是在为张总鸣不平。

要是在平时，老陈对她的阴阳怪气表现得并不在乎。主要是在乎也没用，人家毕竟是贾总的姐姐，老陈最多在心里用“更年期”咒骂一下找找平衡。

现在可不同了，自从审计进场，她就躲得远远的，仿佛那些事跟她一毛钱关系都没有，害得老陈起早贪黑地配合。有几次加班太晚甚至被老婆怀疑是不是外头有人了，更可气的是，还有一次晚上老婆打电话到公司来求证，“贾大空”碰巧在外头吃饭回来拿东西，知道是老陈媳妇的电话，就故意哼哼唧唧几声，害得老陈回家被老婆挠了好几下。

现在的老陈是委屈、憋屈、屈辱一下子全都涌上了心头，说了一句事后让他后悔不已的话:“我就是想死，也不会拉你垫背！”

这一下，老陈真是捅了马蜂窝！一时间，“贾大空”的哭嚎声从财务室传遍了整个公司。那并不悦耳的哭声传到贾总办公室里不久，会计老陈就被贾总“亲切”地召唤过去谈心了。张总咆哮老陈的时候，贾总就在自己的办公室里静静地听着呢。前两天尹总就提醒自己，公司财务人员能力太差，必须尽快换人，但是要注意做好安抚工作。他本来打算忍一段时间，等W公司注销完了再动他。现在倒好，不知悔改的老陈竟然欺负到自己老姐的头上了，那就择日不如撞日，现在就摊牌吧。

当晚，老陈回到家已经11点多了。微醺的步伐，映衬在小区昏暗的路灯下，多少有些凄凉。老婆已经打了好几次电话催他回家，想着贾总最后那句凉透了心的话——“老陈，这里不适合你，赶紧走吧”，老陈眼睛都有些湿润了。自己好歹也为这个公司工作了十几年，2003年就来了，那时自己也刚刚四十出头，偶尔也会讨好地跟“贾大空”搭两句话，而自从“贾大空”年过四十，就像更年期提前了一样，天天刺激自己。想想也后悔，这么多年都忍过来了，怎么今天就没忍住？临末了，弄个晚节不保，惨被开除。

哼！都怪“贾大空”那个老女人！老陈走进家门时恨恨地想。

凌晨，贾总收到了会计老陈的微信：“贾总，我自入职以来，工作勤勤恳恳，对公司的发展没有功劳也有苦劳，没想到您今天能这么绝情地辞掉我。远的不说，近3年您亲手给我的发票就有3,000多万元，这些发票跟公司的实际业务也没关系，全部入账抵扣了，这样就节省了750万元。3年来您个人卡上收到的公司业务款，少说也有2,000

多万元，到现在也没交税，加起来至少有520万元。我知道这些跟我没有多少关系，但是今天的谈话之后，我就要离开公司了。这十几年的付出，您至少得补偿我20万元吧！”

天使驾到——财务的救星

六一儿童节过后，贾总就收到了一个自称是金财小天使的电话："贾总您好，我是金财控股的金财宝宝，是券商尹总推荐我给您打电话。今年6月在北京有一次针对文化传媒行业最新财税政策、财税改革、金税三期等政策的解读，并分析当下企业财税风险如何规避，企业如何降低成本，如何搭建安全、规范的财务体系。这次活动有幸邀请到给上市公司做财务咨询的万老师亲自到企业内部，针对企业目前财务管理中存在的突出问题，做一个针对性的内训解决方案，目的是在帮助企业提升财务管控能力和完善财务体系建设的基础上，寻找更多有需求的长期合作伙伴。"

坐在办公室里，心事重重的贾总用免提接听着电话，前面的话倒是没怎么在意，当听到“帮助企业提升财务管控能力和完善财务体系建设的基础上，寻找更多有需求的长期合作伙伴”，贾总有些心动了，回想起节前支付给老陈的20万元，内心又开始了一番咬牙切齿，再也不能这样过了：一个老会计就讹了我这么多，再这么下去还得了啊！

打铁还需自身硬，想着既然是老师上门内训，那就让这个金财姓万的老师来一趟吧！

第二天，金财咨询的万老师如期而至，文质彬彬的万老师脸上架着一副精工眼镜，西装革履，步伐坚定，跟在后面的助理也是器宇轩昂。他们在贾总的办公室略做停留后，便开门见山地自我介绍：“贾总，您好！我是金财控股的万方梓老师，今天受邀特意到贵公司为您及您优秀的团队提供服务。请问，有什么可以帮助到您的吗？”简短的话语如春风拂面，让贾总的心情顿时明媚了起来。

正值月初，很多业务还没有开展，贾总让秘书把高管们召集到会议室，布置好白板和投影，万老师一行开始了当天的企业内训。

在万老师风趣幽默的演讲下，财税讲座变得生动活泼起来，高管们也对当下的财税变革有了深入认识。当天的内训在万老师的主讲下热烈而有序，结合企业的经营管理，针对如何建立高效的内控制度与流程设计，万老师也提出了明确的专业意见。

内训结束前，贾总亲自发表讲话，意味深长地感慨道："前两天我接到金财控股小天使的电话，当时我还想就随便听听吧，要上门内训那就来讲讲吧。没承想今天金财控股天使驾到，扎扎实实地给了我们上了一课。这节课我们上晚了，如果两年前就听，我们能减少多少损失啊！而且我们挂牌新三板也不至于停下来。古人云：'朝闻道，夕死可矣。'但我们不能止于'闻道'，更要用道来解决问题！争取用 1 年的时间完善我们的专业知识结构，摆脱对财税的无知，告别风险，告别不规范。把我们的损失都加倍赚回来吧！'雄关漫道真如铁，而今迈步从头越'。加油吧！诸位兄弟！"

当天下午，贾总就与金财控股签订了价值 29.8 万元的“金财书院”课程，该课程可让贾总及公司高管获得5年内不限人数学习、5年后不受限制复训的机会，另外还赠送了“家族财富管理与传承密训班”“青少年财商训练营”“金财学社”等30个在线学习账号，非常适合贾总的团队培训。

第二天，贾总电话告知了其余的3位股东，邀请他们一起参加6月的“老板利润管控”培训。另外贾总还把一些门票送给了优秀的房地产客户，特意邀请多名房地产老板一起走进金财的课堂。

缜密布局——财务的重建

在金财控股“老板利润管控”的课堂上，贾总如坐针毡。虽然课程很生动，可是地产CEO张总转过来的税务协查微信让他有些上火，看来问题不解决早晚是个麻烦，每次税务协查的通知都让他感到十分焦急，该怎么办呢？唉，上火啊！

恰好这时，金财控股张老师讲到了企业如何进行税务筹划以降低成本，贾总眼前一亮，似乎看到了一线生机。

中午吃饭的时候，贾总跟随讲师接待来到张老师的房间咨询问题，顺便共用了午餐。听完贾总的困扰和苦恼，张老师给出了建议，可贾总觉得时间紧迫，加上自己财务团队执行能力弱的现状，还是需要金财咨询的老师上门指导，给予更大的支持。在贾总的再三说明下，张老师与贾总签订了一份总额100万元的咨询协议，安排了万老师及其他三位同事一起上门服务。

很快，万老师完成了企业现场调研，对各类问题进行梳理，制定了最优的综合解决方案，贾总表示非常满意。

综合解决方案具体如下：

1. 帮助企业梳理W公司近3年的账目，按照税务清算的标准重新建账。

2. 考虑到新三板申报的要求，将主体公司3年的财务数据进行还原，恢复真实的收入和利润，并通过财税筹划降低公司涉税风险。

3. 筹划主体公司高新技术企业的资格申请。

第一项工作，时间紧任务重，万老师马不停蹄地从金财咨询抽调3人，加上贾总的2个会计，组建了一个理账专组。一番商议，几人确定了账务梳理方案：首先，按银行流水恢复企业资金往来；其次，按发票恢复收入确认的应收账款；再次，按增值税申报数据恢复账面收入总额；最后，按企业所得税汇算清缴的报表结果恢复账面往来余额。

方案制定看起来简单，真正实施起来是相当有技术含量的。3 年的账，让理账专组整整工作了 1 个月，反反复复调整了 5 次数据，终于在 7 月底完成了账务调整。当重新打印并装订整齐的总账、明细账和会计凭证摆在贾总的办公桌上时，贾总终于看到了希望。

接下来，金财咨询的老师“客串”了贾总公司的财务人员，向税务局递交了税务注销申请。姜还是老的辣，有了金财咨询老师的参与，国税、地税的审批非常顺畅。1 个月的时间，也就是在金税三期正式上线之前，就完成了税务清算注销。工商注销公示完成以后，贾总终于拿到了梦寐以求的注销通知书。

精干的团队、专业的素养，从来不会因为小目标的实现而停下脚步。当贾总、张总举杯庆祝往事成烟的时候，金财咨询团队已经开始了第二项工作。

上市主体公司业务量大，业务综合复杂。为了让账务核算结果符合上市核查的标准，金财咨询的老师从合同、服务成果确认报告、银行流水、发票、纳税申报等入手，全面分析业务与财务的配比关系，巧妙运用筹划手段，前后花费3个月的时间完成了账务重建工作。

当贾总和张总看着整整齐齐摆放在档案柜中的资料时，不禁心生感慨:“专业的事还得交给专业的人啊！”万老师从一旁转了过来，说道:“贾总，送你一个惊喜，公司的高新资质审批下来了！”原来，金财咨询老师根据主体公司的研发投入情况，专门为公司制定了高新技术资格申报的方案，赶在最后申报截止时间前完成了资料提交。

贾总和张总对望了一下，一人拉着万老师的一只手，激动地说:“太感谢了！您可真是我们的及时雨啊！”

资金危机——高利息的借款

张总整个国庆节都没过好，楼市新政让他嗅到了一丝危机。

国庆之后，楼市调控政策不亚于一枚重磅炸弹，限价、限购、限贷一股脑儿地出台。除了在限购、限贷方面出台新政外，规范楼市秩序也是调控政策的着力点。住建部于国庆节期间公布了45家违规失信房企和中介机构名单，后来又发布了《住房城乡建设部关于进一步规范房地产开发企业经营行为维护房地产市场秩序的通知》，对房地产开发企业的9种不正当经营行为做了明确界定。同时，在北京、南京、深圳等多地开展楼盘突击检查。

张总担心的当然不是自己能不能买房子，他担心的是自己账上预收的那些电商款。如果那些人不能买房，那么这笔款是要归还的。如果需要归还的人很多，那就危险了。年初已经有5,000万元被挪用购买小产权房了，本来以为一直这么占用下去或转为广告投放，也就神不知鬼不觉地变成了利润，要是都不能买房了，到哪里找钱去啊？

果然，自10月底，“贾大空”那里就陆陆续续收到了购房者的退款申请。这个“贾大空”简直就是无知，连付款的节奏都不知道控制一下，不到11月底，公司资金就短缺了。

贾总紧急召开了当年的第二次股东会议——不召开也不行了，赶紧想办法筹钱吧。各股东一脸愁云，都看着贾总一言不发，贾总倒也干脆，直接让股东老徐表态。

老徐今年已经40多岁了，但他是最年轻的股东，平时比较好玩，经常去打高尔夫，因此结交了很多有钱人。这种危急时刻，就得靠兄弟显身手了。老徐二话没说，抄起手机拨通了一个电话：“喂，老蒋啊，我们公司资金周转有些紧，支援两三千万可以吧？”

“兄弟，没得说，虽然快到春节了，资金都比较紧，额度我给你留着，但是手续还是要走一下的……”蒋总果然不负兄弟情义。老蒋，在京城小额信贷圈里还真不是小角色，据说资金规模有几百个亿，每到逢年过节就给民营企业以及个人提供过桥资金，月息 3 分，利润相当可观，而且坏账率极低，因为蒋总放款都得用京城的房子做抵押，而且关系不好利率更高。

房产评估、抵押登记、签担保合同、放款……一切手续妥当后，3,000 万元的高利贷到账了。看合同，好像是信托资金借款，却也让贾总把CBD附近的六套房子都做了抵押，月息 1 分 5 厘，一个月就是 45 万元，想想就肉疼。

不过，在春节前后的放款“旺季”，这已经是友情价了！多亏老徐了，否则这个年恐怕过不好了。贾总春节期间在回东北老家的路上，还不忘给这个兄弟发个拜年话呢！

锦上添花——融资 4000 万元

在金财控股“财务体系”的课堂上，贾总如坐针毡。虽然课程很生动，可是股东老徐转来的催款微信让他有些上火，蒋总的小额贷款已经用了 3 个月了，当初约定 3 个月就还，可是市场回款还是不温不火，各省的旅游委像商量好似的，把原本春节后就该支付的时间推迟到了 4 月，现在公司账上的钱还不够月底发工资的。唉，上火啊！

注意到了贾总的不安与躁动，课间休息的时候，万老师悄悄走到贾总旁边跟他说了件事情，前段时间咨询团队关注到了贾总公司账面资金紧张的情况，根据现有金财资源可为公司提供授信咨询服务。如果贾总同意，一个月内就能完成首笔授信。

贾总的心激动了一下，像是饥饿的人看到了面包，当即表态先与金财签订专项融资咨询服务协议，等银行贷款到账后，按资金总额的1%支付咨询费。那个时候，贾总公司的年报数据已经基本确定，账务梳理后市场规模实现了年收入3.5亿元，利润总额也达到了1,800万元。因为取得了高新技术企业资质，连同研发加计扣除，贾总的公司可以节省资金300多万元！

金财咨询老师通过对多家银行信贷政策的比较，确定北京银行的“信贷工厂”适合贾总的公司，并且不到1个月就完成了前期的资料审核与授信洽谈。根据2016年的经营规模，北京银行决定对贾总公司授信4,000万元，4月底上会审批，5月初就能完成放款。

幸福就这样悄然而至。虽然贾总的小额贷还款延后了1个月，但已经大大超出了他的期望值，不仅偿还了3,000万元的本金，还补充了1,000万元的流动资金，让公司成功摆脱了资金的困扰。虽然支付金财控股40万元的咨询费，但是贾总的心里还是觉得这个专项咨询物超所值。

迟到的幸福——并购的成功

券商的尹总又来公司回访了。就在5月底，贾总公司完成所得税汇算清缴以后，税后1,600多万元的净利润使得贾总的企业又引来投行的关注。

短短不到1年的时间，在金财控股咨询老师的帮助下，贾总的公司由一摊烂账变成了规范的高新技术企业，软件著作权增加了不少，行业竞争排名也有显著提升。这也为贾总的即兴演讲增添不少素材，如今的贾总意气风发，那真是“春风得意马蹄疾，一日看尽长安花”。

当然，这次的即兴演讲是在贾总的办公室，尹总的夸赞依然很是慷慨，末了仍是希望贾总不忘初心，登陆新三板。

贾总哈哈一笑，来吧，这次不要让那个事务所再来了，我们在金财咨询老师的帮助下早已实现凤凰涅槃，只要进行法律尽职调查就可以了。贾总随即叫来财务的小刘，“打开财务室的档案柜，让尹总看看咱们这一年来的成果！”看着贾总信心百倍的样子，再看看整齐划一的会计档案，尹总暗暗竖起了大拇指，忍不住赞道：“贾总真是‘心有猛虎，细嗅蔷薇’啊！”

经过1个月的尽职调查，券商的尹总召开了1次正式的上市沟通协调会，总结如下：

1. 公司账务规范，整体价值提升，基本符合主板市场的要求。

2. 根据行业情况，建议找上市公司并购可以尽快变现，实现股东利益最大化。

3. 为加快进程，确保间接上市结果，建议由金财控股的并购咨询团队和3位财税咨询师配合上市公司的并购尽职调查，并同时协助贾总公司参与并购方进行谈判。

8月中旬，北京的天气依然很热，坐在办公室的贾总望着窗外的风景，心情却格外得好。昨晚尹总打电话说了个好消息，一家装饰建材的上市公司看中了贾总公司的地产业务资源，希望通过贾总的网络营销，实现快速覆盖全国TOP100开发项目的目标。

贾总从冰箱中拿了瓶可乐，“呲”的一声，随着瓶盖打开，由瓶底向瓶口泛起的气泡急速上升，恰似贾总心里翻滚的激情，着实有些按捺不住。

“喂，万老师吗？告诉你个好消息……”

在金财咨询老师的帮助下，上市公司认可了贾总公司4亿元的估值，双方达成一致。上市公司股东会决议很快下来了，同意对贾总公司投资1.2亿元持有30%股权。

十月金秋，硕果累累。在这个收获的季节贾总正式签署了增资协议，当双方董事长交换签字文书、握手留影的时候，凯歌奏响、彩带飘扬，贾总的脸上洋溢着自信与满足。

1个月后，1.2亿元的资金到账了。贾总嘱咐姐姐给金财控股打款160万元，这笔咨询换来的收益价值远超三五年的经营回报。彻底摆脱了资金压力后，贾总邀请其他的3个股东再次走进了金财控股的课堂，学习了“股权财务体系”课程。

12月，在咨询案的最后一次成果交付会议上，掌声热烈。贾总真情流露，亲自将“企业荣誉成员”的证书颁发给金财咨询万老师，激动地说：“感谢金财和金财的咨询老师！多亏了你们，我们才彻底摆脱了困扰多年的资金困局。如果早几年与金财控股合作，我们公司的运营会更规范、更安全，公司价值也会更高。有了你们的指导，企业再也不会像以前那样野蛮粗暴地管理了；用了你们提供的财税筹划方案，我们再也不需要动歪脑筋了。这次咨询，虽然我们前前后后支付了300万元的咨询费，但是，我们整个董事会、整个管理层都觉得物超所值。通过咨询，不仅为我们节省了几百万元资金，而且还为我们引入了优质的投资人。接下来的几年，我们的业务规模会不断增长，你们帮我们制定的管理制度与财税筹划方案会长期发挥作用的，创造的价值会越来越大！”

谈及本次咨询的收获和感受时，贾总无限感慨地说：“这一年多的经历像坐过山车。先是新三板的美梦，万般想法、光怪陆离；继而是惨遭抛弃的噩梦，万丈深渊、万念俱灰；然后是梦醒时分，万般惆怅、万般无助；最后金财老师不仅让我们重拾旧梦，还让我们美梦成真！万丈高楼平地起，万丈雄心奔前程！金财咨询团队真的是一个能化腐朽为神奇的梦之队！”

|第三章|

C A I W U D E L I L I A N G

财税规范的案例

3

民营企业“内部控制”的故事

故事开始之前，我先做一个调查：您公司的银行印鉴章有几枚？一般是三枚，但很多外企只有一枚印鉴章，再加上两个签名，因为外国人不习惯用人名章，而是习惯用签字。这些印章都放在谁的手上？我相信绝大部分公司都把三枚印鉴章一起放在财务部的保险箱里。这样做安全吗？当然安全！很多企业都是这么做的。但是，在看完我亲身经历的这个故事之前，您且慢下结论。

2014 年 10 月，山东的一家大型上市公司拟收购河北一家矿山设备公司 51%的股份，委托金财控股的资本咨询团队对后者进行尽职调查。

尽调启动后的第二天上午，几位金财咨询老师与矿山设备公司的财务团队在尽职调查现场热火朝天地工作着，一切都进行得很顺利。矿山设备公司没有现金，因此，负责核查货币资金及其内控流程的我开始审核该公司的银行开户流程、银行印鉴章的保管分工、资金收支管理流程、银行日记账的登记和复核流程及《银行存款余额调节表》的编制和复核流程等。

矿山设备公司有三枚印鉴章，分别是财务专用章、公司法人代表的人名章、财务总监的人名章。其中，财务专用章由出纳保管，平时放在保险柜的第一层；公司法人代表的人名章由资金经理保管，平时放在保险柜的第二层；财务总监的人名章由他自己保管，平时放在保险柜的第三层。

三个章各自分开保管，安全！

保险柜有密码，各层都有机械锁，安全！

保险柜上面放着一尊关老爷，印章有关公守护，安全！

为了不让关老爷太寂寞，旁边又放了一个招财猫。有猫为伴，关老爷就不会打瞌睡了，安全！

该矿山设备公司的资金收付流程设计得相当严密，岗位之间的职责分工也很明确。《银行存款日记账》由企业管理软件自动生成，《银行存款余额调节表》由总账会计负责编制，并由财务总监负责复核。一切看起来完美无瑕！

上午10点30分左右，研究完那些内控流程和职责分工之后，我开始抽查当年3月、6月和9月的《银行存款余额调节表》。我发现，每一张《银行存款余额调节表》几乎都没有任何未达或调整账项，作为附件的各个《银行对账单》也很整洁。

如此干净，看起来反倒有点儿奇怪。因为，我早年做会计时也编过《银行存款余额调节表》。当时，我的师傅要求我一定要比对《银行对账单》和《银行存款日记账》上的每一笔流水。而这家公司的总账会计似乎不是这么做的。于是，我站起来接了一杯水，顺便走到总账会计的办公桌前，与她攀谈起来。

我问："刘会计，你编的《银行存款余额调节表》挺完美的，每个月都没有未达账项，这说明你们财务部的工作很到位，记账很及时。做到这样，你们有什么诀窍吗？"

"这不算什么！我们财务部的7个人已经在一起合作

好几年了。”漂亮的刘会计莞尔一笑，接着说道：“因为我们开户的中国银行离公司特别近，我们的出纳张会计每天都去银行。而且，我们的大部分付款都是通过网银，所以，我几乎没有看到过未达账项。”

“那你在核对《银行对账单》上的流水时，为什么没有在上面做记号呢？”我顺便问道。

“喔，有那个必要吗？我一般是先比较账上的余额和《银行对账单》上的余额，如果两者是一样的，我就认为账表一致了。我的师傅以前就是这么教我的，我所认识的同行也都是这么做的。这样做有什么问题吗？”刘会计若无其事地答道。

“一般不会出什么问题。但是，你们公司的内控流程要求逐笔核对，而不是仅仅比对余额。”心里想着刘会计讲的确实是实情和普遍现象，我顺口对她说：“逐笔核对主要是为了反洗钱和挪用公款，很多民营企业确实对此不太重视。”

回到我的座位上，我将三个月的《银行对账单》一字排在桌上，继续浏览。

突然，一个异常的现象引起了我的好奇！基本户中国银行的流水单显示，这三个月的每月月初，都有一笔4,000万元的资金汇出，月底又有一笔4,000万元的资金汇入。

我顿时来了精神！

作为曾经做过内部审计的职业财务经理人，我的“职业病”就是怀疑一切。这是怎么回事？是洗钱还是挪用公款？多年前，我曾经接受过反洗钱培训，但一直没有找到机会施展学到的那些技能。

“难道我的武功秘籍今天终于找到用武之地了？”我当时又兴奋又有些不厚道地想。

接下来怎么办？我和助理一起找到出纳会计查网银的明细资料。网银的明细显示：每月汇出去的4,000万元都是汇到该公司在中国建设银行的账户。但是，该公司的银行存款明细账里却没有建行这个账户。

太诡异了！难道他们还有个幽灵账户？

我当时就想：“小时候怕鬼，却从未见到鬼；现在不怕鬼了，却好像见到幽灵了。”

事不宜迟，我马上跟总账会计刘会计确认："你们的银行明细账上没有建行的账户，但是网银的汇款单据却显示你们公司又有一个建行的账户。你知道为什么吗？"

"我们确实没有建行的账户！这我还是有把握确认的。"刘会计自信地回复，"我们老板跟中国银行的行长关系很铁，不会让我们在别的银行开户的。"

为了核实这个可疑之处，我立马去找财务总监车先生。

"车总，我有个很重要的事想跟您核实一下。"一见到车总监，我就迫不及待地对他说："除了在中国银行的基本户，你们在建行也开了户吗？"

"喔，张老师，我们好像没有在建行开户。请给我几分钟处理一件急事，然后我再跟出纳张会计核实一下。"车总监脸上露出抱歉的笑容和一丝意外，然后就匆忙地走出办公室了。

等了一上午，我也没有得到车总监的答复，更别提见到他本人了，所以我就去财务部办公室找出纳会计。可是，刚才还在帮我们查网银明细的她也不在办公室。总账刘会计说出纳会计、资金经理和车总监都出去了，还没有回来。

中午吃饭的时候，我见到了该设备公司的董事长兼总经理胡总，并向他汇报了目前尽职调查工作的进展和建行账户的事。

“我们肯定不会在建行开户。我们一直跟中行合作得非常好，而且，中行曾经在我们非常困难的时候几次帮我们渡过难关，我们怎么可能去别的银行开户，还每个月转出这么大额的资金去别的银行呢？”胡总非常肯定地说道。

“那我们下午再好好地复核一遍吧！也许是网银的记录出了差错。”我也不知道到底出了什么问题，更不敢随便下结论，只好这样回应。

当天下午，出纳会计、资金经理和车总监一直没回办公室，我只好继续等。第二天上午，他们还是没有回来。在我的建议下，胡总让总账会计带着行政经理，一起去了建行。回来时，他们的答案是该公司确实在建行有一个账户。

出纳会计、资金经理和车总监依然没有回来，胡总决定马上报警！第三天下午，出纳会计、资金经理和车总监终于回来了。看得出，他们眼红红的，似乎很久没有睡过踏实觉了。他们已经给公安局打过电话，表示要自首。10多分钟之后，公安局的人就到了。

经过公安局的审讯，案情很快水落石出：该公司的财务总监、资金管理和出纳利用掌握公司全部银行印鉴章的便利，两年前就串谋一起，私自在建行设立了一个公司账户；然后每月月初将4,000万元资金打入这个账户，买短期理财产品；月末之前将理财产品赎回，然后将4,000万元资金汇回至中行账户；最后他们将理财收益汇到一个他们自己设立的空壳公司的银行账户，将钱取出私分。

他们以为这样神不知鬼不觉就能利用公司的闲置资金为自己下金蛋，不会有人发现。

说实话，这个设备公司自以为其内控体系比绝大多数公司都要强，但是，为什么还会出现这么严重的内部贪腐呢？我们来简单地剖析一下。

首先，该设备公司有两个重要的内控失效，一个关键的内控缺失。

第一个内控失效是总经理将自己的人名章（法人代

表章）交给资金经理保管，造成三个印鉴章全部被财务部控制的情况，这就为三人串谋作弊创造了条件。正确的做法是：总经理应该自己保管自己的人名章，即便有必要将其授权给别人保管，也应该授权给财务部之外的一个不经常出差的高管或自己的助理保管。第二个内控失效是总账会计在编制《银行存款余额调节表》时，只比较余额，没有逐一对比发生额，导致三人的合谋作弊行为没有及时被发现。

一个关键的内控缺失是总账会计没有定期去人民银行打印《已开立银行账户清单》，导致幽灵账户一直没有被发现。

如果我们进一步思考，是否还能从中得出更多信息呢？

1. 如果那三个人月初将 4,000 万元汇出，月底之前将 4,000 万元分几笔汇回来，这个舞弊被发现的概率能否进一步降低？

2. 洗钱的危害有多大？洗钱不仅仅会遭到政府的处罚，如果涉及美国的长臂管辖，涉事企业尤其是外贸企业和出口为主的制造业企业，还有可能因为被全球制裁而遭受灭顶之灾！如果涉事三人仅仅只是利用私自开立的建行账户来帮助别人洗钱，这样的舞弊是不是很难被发现？

金财尽调团队在发现上述舞弊现象之后，扩大了内控方面的核查范围，顺藤摸瓜又发现了该设备公司在供应链和销售佣金等方面的内控漏洞和腐败现象。

在销售佣金方面，该设备公司本来是有一套内控措施的，但在执行时，一些销售高管与业务员共同利用佣金政策在获客、价格执行、货款回收等方面的定义不严谨，冒领、多领和提前申领销售佣金的情况较为普遍，更造成超期应收账款无人关注且金额越来越大的后果。

举个例子，有些国外的客户是自己慕名而来向该公司订购设备或配件的，该公司本来不需要就此类客户的销售额支付佣金。但是，销售副总将这样的客户划拨给自己的亲信，让其申领销售佣金。再比如，客户在订购设备后需要支付一定比例的预付款，但是销售人员在得到销售副总的批准后指鹿为马，将新合同的预付款说成是对之前已经交付货物的合同的付款，从而提前申领佣金。而实际上，那个已经交付很久的合同项下的应收款迟迟没有收回来。

在供应链方面，该公司也存在着大量的内部贪腐。比如，采购人员或公司的有些高管，自己在外地设立公司，然后用这些公司跟该设备公司做生意，而且其价格比市场价格要高出30%~400%。这样的差价实在是太惊人了！

经过短短两个星期的尽调，我们就发现十多起这样的事情。这是因为尽调团队的成员们原来都是在企业里工作了多年的老财务，见多识广，既了解一些通用材料、配件和货运的市场行情，也知道如何从互联网上查到它们的市场价格，更能从一些蛛丝马迹中嗅到某些不合理的交易背后的内部贪腐，并能利用自己的专业知识和实操经验快速找出问题所在。

尽调完成之后，金财团队和收购方进行了详尽的面对面沟通，也递交了一份直指问题所在并包含该设备公司优点和价值的报告。收购方在综合考量了金财尽调团队的意见和他们自己团队的看法之后，得出如下结论：该设备公司的产品竞争力、制造技术和盈利能力很强，对收购方也很有吸引力；但是，该设备公司的内控环境和内控执行状况却不尽如人意，贪腐风险较大，其财务信息的质量和可靠性也需要打一些折扣。因此，收购方最终给出的估值只达到营业利润的 7 倍，远低于计划中的 15 倍和被收购方股东要求的 20 倍；而被收购方也因为与风险投资人的对赌和自己对资金的渴求，只能同意收购方的出价。

当时，51%股权的收购价为 1.2 亿元，如果以 15 倍的估值计算，原股东本可以获得 2.57 亿元，就是因为内控方面的设计缺陷和执行不力，该设备公司的原股东只好低价出售了 51%的股权，“损失”了约 1.37 亿元。

金财宝宝点评

这就是内控偏弱的代价，就像高中生偏科一样，虽然某些科目学得非常棒，但一旦偏科，就会在高考时总分被别人甩开一大截！这个设备公司也是个“偏科生”：生产线和技术装备都非常好，产品属于进口替代产品，在国内市场很有优势。但是，它在高速发展的同时，忽略了加强内控体系的持续建设和严格执行，导致原股东们少赚了很多钱。

跟胡总一样，很多企业家一谈到加强内控，就不假思索地认为：引入内控体系会增加企业成本，降低企业运营效率。殊不知，内控虽然在短时间内会导致成本增加和运营效率降低，但从长远来看，内控体系其实就是企业经营管理的质量控制体系。内控合理合规的企业，运行模式更可靠，管理信息质量更高，这也就意味着该企业管理体系的质量更高，在资本市场上的估值定会大幅跃升，其产品和服务也更能赢得客户和消费者的信任从而获得溢价。

试想，连自己内部的事务和风险都不能控制的企业，如何能让资本市场、客户和消费者放心呢？举个例子，同样一部手机，如果是华为这样的公司生产的，价格可以卖到 5,000 元；但如果这部手机是一家老板妄想靠赌博来解决流动资金短缺的公司生产的，哪怕产品只卖 500 元，你会买吗？

该设备公司被那家山东的上市公司收购之后，又聘请金财的财税咨询团队入厂进行了重建和提升内控体系的专项咨询。金财咨询团队进场之后，深入各个管理团队和车间，根据该公司的产品生产流程、供应链、销售渠道和客户特点等，按照上市公司的内控要求和现代企业管理的要求改造了公司的内控流程、执行监督和奖惩机制，使公司的内控在第二年通过了上市公司的内控审计和评估。

几年之后，该设备公司又被一家世界 500 强企业收购，其估值达到了 25 倍。经过几年的业务优化和内控提升，估值上升了 3.5 倍，其原股东和新股东短短几年就赚了数亿元。

这就是内控的价值！

这更是见证奇迹的时刻！

“被威胁”的故事

某品牌电器代理商肖老板，一年营业额一亿元左右，产品大部分卖给了农村市场和终端客户，因此销售基本都不用开发票。鉴于肖老板的经营规模已经达到了厂家重点客户的标准，该品牌电器厂家派公司一名销售经理林某某常驻肖老板那里：一方面帮助其开发市场、组织市场活动；另一方面提供服务支持，收集第一手市场信息。林经理由厂家和肖老板双重管理，但是由厂家支付薪酬。对肖老板而言，这是天上掉下来“林妹妹”，哪有不笑纳的理由呢？

由于销售大都不用开发票，肖老板从客户那里收到的款基本上都打到了其个人卡上。看着个人卡上不断跳涨的数字，肖老板经常从美梦中醒来，笑眯眯地开始新的一天！

“我上辈子到底做了什么好事，让老天爷如此眷顾我呢？”肖老板经常这样甜蜜蜜地偷笑。

又到了肖老板进货的日子了，他来到林经理的办公室商量进货的事情。林经理对肖老板说：“肖老板，你就先把钱打到我的卡上，然后我再将货款直接转至我们公司的账户里。这样，你就省事多了！这也是我常驻这里为你提供的便利之一。”

肖老板从来没有学过财税方面的知识，在财税方面可谓是无知者无畏，再加上林经理是厂家派来的人，平时跟自己也走得很近，于是肖老板就同意道：“这样还真是方便呢，那我以后就烦劳老弟了。转完款后，今天晚上我们去喝几杯吧！”

“不麻烦，一点儿都不麻烦！这点举手之劳，也是我作为厂家代表的责任。”

之后，肖老板就一直按照这种“方便的”模式跟厂家结款。不知不觉中，三年飞逝！幸福的时针好像总是走得快一些。

“肖老板，你的手机响了！”正在跟肖老板聊天的林经理提醒道。

“是你们公司打来的！”肖老板看了一眼手机上的来电提示，随口说道：“我以前打款时，经常用这个号码跟你们公司沟通。”

“肖老板，我是厂家财务部的，今天给您打电话，是想跟您核对一下往来账款，并顺便问一下，为什么每次打款时，您都不打全款呢？”对方问道。

“不可能吧！我每次都是转全款给林经理的，麻烦您好好地核实一下。”肖老板点了手机屏幕上的“结束通话”键，抬头疑惑地看了一眼坐在对面的林经理，轻描淡写地说道：“是你们公司的电话，说我每次打款都不打全款。肯定是他们搞错了！”

“应该是搞错了！财务那帮小姑娘，忙昏头了，经常会弄出点儿小差错。”林经理脸上有点不自然：“肖老板，您等一两天，我来跟财务对对账吧！”

肖老板放心地等了两天，然后又有些焦虑地等了两天。可是，等来的不是林经理的答复，而是林经理的抱歉。周末，在安静的办公室里，肖老板跟林经理又谈起来了。

“肖老板，非常对不起，财务的账没有错，错的是我！三年前，我一时鬼迷心窍，每次转款时，在每台电器的进货价格上截留了300~600元，三年下来，累计截留了您的货款200万元左右。”林经理低着头，看着桌上的茶杯，对着茶杯继续喃喃自语：“希望您能饶了我，我一定会尽力赔偿您！”

“天呐，这就是说，我已经欠了你们公司200万元！”肖老板只觉得脑袋“轰”的一声，炸得他头晕目眩，“那你什么时候还给我，我根本就没有这么多钱付给你们公司！”

“肖老板，您别太着急！我会马上筹款还钱的，求您千万别声张。”林经理双手捂着脸和眼睛，哀求肖老板。

两人不欢而散，各自疲惫地离开了办公室。

晚上，肖老板躺在床上，望着天花板，愤愤地想：“老天啊，我上辈子做过什么孽，您要这么作弄我？”

同一天晚上，林经理坐在沙发上，脸色惨白，瑟瑟发抖。刚才，他出去将他的几本日记复印了一遍，将复印件寄回了老家。

……

后来，肖老板和林经理再也没有见面。林经理托中间人转交给肖老板一辆使用了5年的斯柯达汽车和10万元现金。中间人劝肖老板别再追究了，还告诉肖老板："林经理很后悔，已经辞职去南方了，随身只带了两个行李箱和几本日记。"

听到"几本日记"这四个字，肖老板打了个寒战，咬牙切齿地在心里默默问候了林经理的先人，然后"宽宏大量"地对中间人说："烦请您给林经理带句话，希望他今后一帆风顺，苟富贵，勿相忘！"

中间人苦笑着想道：肖老板还惦记着这笔钱呢！然后，他起身对肖老板说："但愿大家都平安！我相信林经理能混出个名堂，尽快还给您这笔钱！"

金财宝宝点评

对此事稍加分析，我们就能明白肖老板为什么会被骗这么多钱，并且骗这么久。首先，由于大量使用个人银行卡结算销售和采购款，肖老板可能连糊涂账都没有，又轻信他人，将自己的资金安全寄托在别人的良知上；其次，肖老板或许还因为销售不开发票而沾沾自喜，自以为精明。殊不知，贪小便宜迟早会吃大亏，甚至一着不慎，满盘皆输，导致多年积累的财富和生意毁于一旦。

另外一个值得思考的问题是：为什么肖老板没有将林经理告上法庭，让法律替自己讨回被截留的货款？原因很简单：林经理对肖老板销售不开发票之事一清二楚，肖老板哪里还敢告他。所以，林经理敢肆无忌惮地截留肖老板的货款。因为一旦事发，他就能以此要挟肖老板，让肖老板明知被黑也只能哑巴吃黄连，不敢深究。

这可真是一出财税领域的《投名状》啊！

肖老板财务管控方面的知识太过薄弱，日后还是要多学、多思、慎行，以免发生类似甚至更大的损失！

关于“发票”的故事

这是一个2018年3月金财“财务体系”学员在学习课程之后分享的亲身经历。

这个学员姓鲁，来自青岛，开了一家商贸企业。由于下游客户中只有少量客户需要发票，鲁老板的商贸企业就采取比较弹性的策略，如果客户要发票，商品价格就增加16%；如果不要票，就不加任何点。

在财务处理上，开票的收入，就入在公司的账上；不开票的部分，鲁老板就让客户将货款直接打到他的个人银行卡上，收入也不入账。在税务上，鲁老板一直采用的做法是用销售的发票需求量来控制采购需要的发票量。做了很长时间，从来没有出现过税务问题。因此，鲁老板以为这样做天衣无缝，不存在税务风险。

2018 年春节一过，当地税务局突击检查了鲁老板的商贸公司，并要求去库房盘点库存。盘点后，双方核定了库存货物的总价值为 600 万元左右。事后，税务局直接通知鲁老板的商贸公司，其他的既往不咎，现在这 600 万元的货都登记备案了，等这些库存销售出去后，企业要按照 16% 的税率缴纳增值税。

鲁老板粗略地算了一下，差一点就要哭了。因为 600 万元的库存，就要缴纳增值税 96 万元。但是，这批产品根本没有 16% 的利润空间。也就是说，这批产品只要卖了就亏钱。由于税务局已经备案，这笔税款是无论如何也逃不掉的。鲁老板因为不懂税收和发票之类的专业知识，更不懂得整体筹划业务，导致税务成了影响他公司风险系数和赚钱与否的核心因素。

鲁老板痛定思痛，决心学点财税知识，以免未来重蹈覆辙。于是，他 2018 年 3 月走进了金财“财务体系”的课堂。听完“财务体系”课程，他主动在学员微信群分享了自己的学习体会和以前的教训，让大家引以为戒。

金财宝宝点评

在涉税方面，鲁老板太鲁莽了！

第一，他销售不开发票，却没有从中受益。如果买方不要发票，他就直接不向买方收取 16% 的增值税款。这等于是他替客户背锅，而自己冒风险。“损税”不利己，鲁老板还挺“无私”的！

第二，鲁老板的做法就是典型的鸵鸟行径。鸵鸟在遇到追击时，将头埋在沙子里。看不见威胁，它就认为摆脱威胁了。鲁老板“替客户背锅时”，他的想法应该是这样的：“只要将货款打进自己的个人银行卡，税务局就看不到这笔收入了。”

走出这段弯路，鲁老板应该能吸取教训，驰骋于业务发展的高速公路上！

“偷逃个人所得税”的故事

夜已经很深了，金财“财务军团”的学员分享活动依然还在热烈地进行着。学员们带着问题来参与，金财宝宝认真地点评。讨论环节是学员们的最爱，因为金财宝宝的点评和学员们的讨论，着实能让参与讨论的学员们受益匪浅、茅塞顿开。

以下案例，选自几期“财务体系”“财务军团”和“股权财务体系”等课程期间的分享和讨论环节。

【案例一】

天津某餐饮企业，员工有600多人，实际发工资并交个人所得税的员工，只有60多人。某次，税务局的人去餐馆吃饭，向服务员打听，才知道该餐馆有600多名员工。后来，税务局调出人力资源部的员工花名册，并根据实际的员工工资数额，计算出应缴未缴的个税和社保共计50多万元。因此，对企业罚款50多万元，并缴纳滞纳金20多万元。

【案例二】

上海某教育科技公司，员工共有80多人。因为员工流动性大，所以交社保的员工只有20多人。员工三分之一的工资是正常发放（申报个税），三分之二的工资都是从企业内账的钱发放。后因客户付款后未给客户开发票，被客户举报。经过近一个星期的检查，税务局做出补交税款、滞纳金和罚款的处罚，共计200多万元。

【案例三】

大连某防水材料公司出售了旗下一家公司的股份，真实出售价格为1,200万元，为了偷税，签订了阴阳合同显示出售价格700万元（虚假金额），偷逃个人所得税100多万元。5年以后，被购买股份的股东举报，补交税款、滞纳金、罚款共计300多万元。

【案例四】

佛山某互联网公司，给员工做了股权激励，年终高管有利润分红。某高管因能力与价值观和老板要求不符，并且违反公司制度，被老板开除。没想到该高管去税务局举报老板分红没有给其代扣代缴个人所得税，导致企业被处以巨额罚款。

金财宝宝点评

以上的这些案例都是有关员工个人所得税的。许多企业，不愿意给员工缴纳个人所得税，采取以下方式偷逃个人所得税：

1.用内账资金（客户购买产品，不需要开发票的，则将钱转到老板的个人银行卡上，记在内账里）给员工发放工资、奖金或提成，未缴纳个人所得税。

2.一部分工资，用公司账户的钱去发放（如5,000元以内），另外一部分的工资，用内账的钱去发放。

3.社保不交，或者只按最低数额交，不按实际的工资标准交社保。

4.让员工到处去找发票。就是工资分拆，发一部分，另一部分让员工用发票报销。

那么，金财宝宝要问老板们：

1.年终给高管分红、分利润时，用内账报表的数据，还是用外账报表的数据？

用外账？外账收入2,000万元，利润10万元——这么低，怎么分红？用内账？内账收入1亿元，利润2,000万元——跟高管一公布，高管去举报企业偷税怎么办？

2.用内账的钱，给员工发工资，不缴或少缴个人所得税，好处谁得了？员工得了。风险谁承担了？老板和公司承担了。员工是否会感恩老板？也许会，但还是有可能会举报老板。

3.老板的个人所得税最高为45%，员工的钱是怎么缴个人所得税的？有以下几种方式：

（1）股东的年终利润分红；

（2）员工的年终奖金；

（3）销售人员的高额提成；

（4）客户的回扣和佣金。

这些个人所得税如果不交，有罚款或坐牢的风险；如果实缴，个人所得税实在是高。那么，有没有想过怎么合法降低成本？

政府现在已经出台了很多减轻纳税人负担的优惠政策，其中很多政策就是针对个人所得税的。关于如何降低成本，在我们的课程“财务体系——税务筹划 108 招”中的个税环节有更为详细的解读。

“两套账”“买发票”的故事

【案例一】

青岛某钢材贸易企业，多年前有一笔2,000万元的销售收入未入公账，钱进了私人账户，如今被举报，企业该怎么补缴税款和滞纳金？怎么交罚款？

【案例二】

某食品公司，有客户要买3,600万元的月饼，并要求给2,000万元的现金回扣，公司该如何处理该项业务？

【案例三】

西安某钢材贸易公司，老板转行做便利店了，打算注销该公司，结果发现外账上还有存货余额5,000万元（实际上已经全部卖掉了），该怎么办？搞不好要补缴增值税800万元（5,000×16%）。

【案例四】

某工程设备公司，每个月进项发票100多万元，销项发票500多万元，每个月还要从各种渠道购买发票300多万元，如何降低公司的税务风险？

【案例五】

秦皇岛有一家做钢材贸易的企业，一年销售额约两亿元，老板担心成为纳税大户，就把公司拆分成了三家公司，并且每家公司做两套账，总共六套账。结果几年下来，财务彻底乱了……A公司进货，B公司卖掉，C公司开票，D公司收钱，你中有我，我中有你，算不明白了，成本是多少、毛利是多少、存货有多少，完全成了理不清的糊涂账。

【案例六】

杭州某服装辅料公司，内账显示年收入1.5亿元，外账显示年收入2,000万元。

2019年6月，税务稽查时发现了该企业的内外账问题：内账及管理报表、经营数据，全在电脑桌面的文件夹里，后被税务人员全部拷走，其后果就可想而知了！

【案例七】

东莞某微电子公司找外部代理记账人员做外账并以此报税。自己企业的财务人员做内账，年营业额6,000多万元。后因需申领大面额的增值税发票，被金税系统自动检测发现异常，被税务机关稽查。

金财宝宝点评

以上这些案例，基本上是关于两套账、买卖发票之类不合法、高风险的做法。

1.现在很多民营企业都在做两套账，有没有想过，两套账有哪些财税风险？金税三期，引入了大数据稽查的网络技术，让系统自动识别不正常的报表和偷漏税行为。做两套账的企业，以后怎么办？企业为了降低一点成本而做两套账，导致企业数据混乱，漏洞百出，风险增加，值得吗？如果不需要做两套账就能达到降低成本的目的，企业是否需要学习？

2.企业要想真正走向资本市场，财务规范是非常必要的。公司要引进新的股东了，公司要IPO（首次公开募股）了，公司要上新三板了，公司业务模式变了，都需要财务规范。财务要规范，首先需要把两套账合并成一套账，你们打算什么时候开始？

3.现在很多企业都感觉自己缺发票。你的企业是否也缺发票，或者发票比较多呢？你知道虚开增值税发票有哪些风险、怎么判刑吗？如何能在不买卖发票的前提下，解决企业的财税问题，老板是否想了解一下？

4.生产或贸易型的企业，一般都存在“存货账实不符”的问题。账上的存货与仓库里的存货，完全对不上。财务混乱和不规范，不仅存在大量的税务风险，还影响企业未来的上市与并购，影响成本的核算、产品定价和未来年终的利润分红等。老板们，你们是否已经在思考对策，或者已经走在财务规范化的康庄大道上？

金财成立之初，就以帮助民营企业合法降低成本，走大财务之路为宗旨。金财现在已经有近千人的团队和 300 多位经验丰富的老师，为民企老板们解忧，为民企的健康发展保驾护航！

“股权激励”的故事

【案例】

这是我们公司一位老师服务过的浙江的一家夫妻档企业。夫妻二人创业20多年，公司盈利艰难，企业做得心力交瘁，老板娘更为企业操碎了心，人看着都比同龄人老了许多。企业一年营业额4,000万元左右，产品基本是批发给小商品批发市场的商户，几乎不用开发票。

老板娘陈总打算花4万元去报一个股权的课程，打算花钱报名之际遇到了我们金财的老师。这位老师站在客户的角度分析了企业当前的具体情况，建议她先去报名听我们公司的课程，在课上也会讲股权激励，并且现场承诺，如果感觉对她的企业当下分钱没有帮助，全额退还学费，她还可以再去上专门的股权激励的课程，这样一举两得。

陈总采纳了金财老师的建议，在课程结束、离开会场之际，拉着老师的手，感慨万分地说：“太感谢老师了，课程收获非常大。我知道企业当下应该怎么去管理，怎么做决策了！”兴奋之情溢于言表。

因为这家企业一年营业额约 4,000 万元左右，基本不用开发票，在不交税的情况下利润极其微薄。也就是这家企业一旦财务规范一点，只要卖东西就会亏钱，所以这家企业根本无法做股权激励。

金财宝宝点评

1.这又是关于两套账和股权激励的问题。一家企业的经营一旦处在标准化、精细化程度较高的阶段，老板想要更好地提升业绩，就会思考采取哪种手段来激励员工。对于财务专业知识薄弱的老板，不要轻言股权激励，刺激手段能用月薪解决的就不要用奖金，能用奖金解决的就不要用年终奖，能用年终奖解决的就不要用分红，能用分红解决的就不要用股权。

2. 从算账的角度看，公司现在一双鞋赚 6 元，但是实际上真的能赚到 6 元吗？不见得！所以，想分钱（股权激励），就要先学会财务，学会算账。在考虑风险可控的前提下，再考虑通过分钱提升业绩，集众人之力，达公司之目标。

3. 从经营风险（税务）的角度看，不交税的情况下，一双鞋能赚 6 元，也就是交点税利润可能就没了。张金宝老师说过，税是民营企业利润的减项。而且，国家查税都是往前查很多年的，也就是说，2018 年会查 2017 年以前的。一旦被税务查出来财务有不规范行为，就要补缴税款 + 罚款 + 滞纳金。如果老板真的把钱分掉了，结果就尴尬了：向高管们分出去的钱，是否还有可能再要回来呢？

4. 从利润计算的角度看，业务决定毛利和收入，财务才决定企业的纯利和价值。因此，建议跟金财的财税咨询老师多沟通，看看他们能在哪些领域帮助公司。

“资金链断裂”的故事

【案例一】

山东东营某铝业公司，年营业额 4.5 亿元，由于产品质量过硬、经销渠道稳定，因此品牌知名度不错。

公司从当地政府拿了 360 亩土地后，开始进行厂房扩建，由于扩展需要数亿元资金投入，于是找银行贷款——“短借长投”，并大量找人担保借款，利用高利贷过桥资金。一年的高利贷利息达 7,000 多万元，最终公司资金链断裂，公司面临破产。

【案例二】

长沙某水泥建材公司老板，上课时说：“我从来不做欠款的生意，我公司的应收账款不超过500万元。”别的老板问：“您为什么这么做呢？”这位老板答：“我以前的公司，大量允许欠款，特别是和政府打交道时盲目相信政府的信用，最后企业资金链断裂倒闭了。我现在是重新创业，吸取经验，绝不允许赊销。”

【案例三】

江苏昆山某纺织品公司的老板上完金财的财务课程一段时间后，回去就加强了运营资金的管理和业绩考核，应收账款从7,600万元降到2,600万元，存货余额从2,000万元降到700万元……并且开始给销售团队做“占用资金利息的成本”计算，以此为依据考核每一个业务员，从此资金一下子富余了许多。

金财宝宝点评

1.你觉得利润与现金，哪一个更重要？许多老板都认为利润重要，但是金财的观点是“利润是面包，现金是空气”。没有利润（面包）还能活好几天，没有现金（空气）只能活几分钟。所以，我们要有“全员现金思维”，让财务人员与业务人员都知道如何管控现金流，如何提高现金的使用效率。

2.你公司的应收账款多不多？是否存在坏账？你想知道如何降低应收账款，控制应收账款的风险吗？

3.企业缺钱的七大原因：过度投资、过度扩张、过度贷款、过度压货、过度赊销、经营不善、突发事件。你是否想知道：如何才能不缺钱？如何预测未来企业需要多少资金？如何进行现金流的预测？

4.大家都知道，民营企业融资很困难，获得银行贷款难，其他的融资渠道也非常少，新三板活跃度又太低，你想知道如何快速解决融资前的财务难题吗？

5.民营企业借款担保现象非常普遍，许多企业帮别人担保。结果导致别的企业出事了，自己跟着遭殃，代为赔偿或还款后导致自己企业的资金断裂。

"股权激励+财务支撑"的故事

【案例】

2018年5月12—14日利润管控客户（金财咨询客户）的公司年销售额8,000万元，其中4,000万元走账，4,000万元不走账。

该企业于2017年6月找金财做了股权激励，采用了业绩超额分红激励法，据老板反馈：

1.从2017年6月做了股权激励后，公司实现总体业绩增长；

2.公司附加值高的几款产品，销量也实现增长；

3.2018年5月，财务找到老板，汇报说截至本月，公司的经营状况是亏损状态。

老板在课堂和老师聊天时说："老师，其实到了今天，公司实际是挣钱还是亏钱已经不重要了。这个钱我一定要分，因为我分的不是钱，我分的是员工对老板的信任和对公司未来的信心，这些话你说给哪个员工听？哪个员工又能相信？当老板真的好憋屈！"

金财宝宝点评

我们可以从以下几个方面来看这些问题：

1. 从风险角度看，如果老板想做股权激励，我的建议是老板一定要搞定两个前提：一是公司财务做的账对外要规范（不用担心员工举报）；二是对内要准确（根据股权激励的要求，把账算准确了）。只有符合这两个标准，才具备做股权激励的先决条件。

2. 从顶层设计角度看，做股权激励是做老板的顶层设计，也是做公司顶层的税务筹划。如果不提前设计，那分的钱企业是否交过税，员工怎么交个税，这些都是问题。税务局可以找企业追溯，老板能不能在税务局罚了款之后，再跟员工商量，把多发的钱退回来呢？

3. 从员工个人所得税角度看，个税新政实施以后，员工的工资、劳务、奖金、分红统一纳入收入总额，也就是说员工分红的钱，公司要考虑给员工缴纳个人所得税。因为员工的个税，企业有代扣代缴义务，员工不交，企业就要承担。

4. 从员工社保角度看，2019 年 1 月，社保正式由税务局代收，新政策下公司缴纳的社保基数和员工工资基数必须一致，一旦分红，很多员工就会达到社保基数的上限。说白了，仅这一点就导致很多企业的用工成本上升，加大企业负担，本来还盈利的公司可能就不赚钱了。

综上所述，利益共享、风险共担是做股权激励的保障和前提。很多公司往往做了利益共享，却没有考虑风险共担（举报的风险、潜在的企业损失等），导致埋下了一系列风险和隐患。

“数据化管控”的故事

【案例一】

这是山东一家产、供、销一体的生产制造型企业，生产和销售不在同一地点，销售本部在繁华的市区，生产则在这个城市的郊区，相距50分钟的车程。

这家公司有一个成本会计，负责核算企业的成本，但是一年只去生产基地两次，就是每年公司要求实地盘库的那两次，成本会计才会去生产现场。而每月计算成本的方式，就是让生产基地的一个统计员每月将生产现场的进销存、领用的单据收集在一起，到月底给财务送到销售本部。

以下，是我们金财的咨询老师和成本会计的部分对话。

老师问："我想问下，你清楚你们家这个产品的生产工艺流程吗？"

会计答："不是很清楚。"

老师问："你不清楚产品的工艺流程，你又是成本会计，那你是怎么算的成本呢？"

会计答："工厂那边有个统计员，每月由她来统计单子和数据，然后月底前拿给我，我根据单子计算成本。"

【案例二】

这是武汉一家产、供、销一体的生产塑料制品的公司，实行家族式管理。老板夫妻、兄弟、侄子、侄媳妇都在重要岗位任职。公司生产的品种非常多，例如收纳箱、垃圾桶、脸盆等塑料制品，总计有1,000多种。学员分享时说，现在根本算不清楚每个产品的成本和毛利。

【案例三】

江西某农业畜牧公司，养了十几万头的猪，存货盘点成问题了，根本算不清自己公司到底有多少存货——有多少头猪。老板分享时都急了，说:“给500万元的咨询费，能算清我公司的成本是多少就行。”

金财宝宝点评

1.从管理数据化的角度看，企业存在的意义就是盈利，企业快速扩张，决策依据不靠数据而靠感觉是最危险的。企业规模小时靠经验、靠直觉还能行得通，做大了就要靠数据。如果成本、存货、毛利都算不清楚，数据管理就无从谈起。

2.从财务人员能力的角度看，企业规模扩大了，管理就要加强。要么靠增加人手，要么通过学习，用更科学、更高效的方法来收集、分析数据，利用数据创造价值。财务人员要同时精通业务和财务，做到业财融合，才能在提升自己价值的同时，为企业创造价值。

3.从财务技术角度看，企业和财务要与时俱进，利用现代的数据采集、加工和分析技术，高效和准确地为企业决策层提供决策依据。

金财咨询团队中，有很多精通数据分析和决策支持技术的老师，能帮助企业设计和实施成套的数据管理系统，解决上市案例中企业的管理难题。

“财务人员能力”的故事

【案例】

2018年9月报名了10万元VIP的新疆某连锁药店老板，还没来上课呢，就通过金财1天的入门课感受到了金财老师的专业性，也认识到能结识一位财务专家对自己的重要性。

一个人生病时要看医生，遇到官司时要找律师。同样，老板经营企业遇到瓶颈时，也要结识一位财务高手，在老板有需要时随时提供专业的建议和方案。

该客户报名5天以后，正好遇上公司月底的全面盘点。以往每次盘点完，总部的财务数据要和分店的实物库存数据进行核对，一般情况下，每次都需要 2 个人花 5 天左右的时间才能核对完毕。

在学习入门课程的时候，张总就听老师讲过，小会计通常花 5~8 天做完的事情，经过金财训练后只需要不到 1 个小时就能完成。

这次盘点之后，老板让负责统计盘点结果的会计与金财的姜老师联系。姜老师通过微信视频和邮件沟通就教会了这位会计如何对几千行数据进行加工，让他在几分钟之内就完成了以前要 2 个人花 5 天才能处理的数据，而且准确性也得到了提高。

金财宝宝点评

金财控股不仅提供面向老板和高管的财务培训，也免费或低价提供旨在提高财务人员技能的专项培训。财务是一个需要终身学习的职业，因此老板非常有必要每年都强制要求财务人员参加一些专业技能培训。相关的培训费和所取得的效益相比，往往是九牛一毛。

4

|第四章|

C A I W U D E L I L I A N G

企业家成长历程

往事不堪回首

深秋，雨。

广东省某监狱大门外，出现一个清瘦的身影，与郊外的晨色形影相照，却又茕茕独立。

没有伞的庇护，雨打在人影上，滴落一股沧桑和落寞。

“十年！”刘东强感叹着，人生中最风华的十年，却因一次迷失充满了刻骨铭心的痛。当初，膨胀的人性弱点一下子就将自己推入深渊，使自己如历梦魇——失去自由、妻离子散、家破人亡！

十几年前大学刚毕业，25 岁的刘东强没有听从父母的挽留和劝阻，拒绝了留在县城当公务员的机会。带着对未来的憧憬，离开生活了二十多年的老家，毅然决然地踏上了南下深圳的列车，向美好的未来迈出坚定而自信的步伐。

经过三年的打拼，刘东强从一个初出茅庐的莽撞小子成长为公司的精英骨干，同时也收到了大学校花李馨抛出的爱情橄榄枝，相知、相恋、相守，爱情之花悄悄地绽放，一年后爱情的结晶也顺利诞生了。

不久刘东强离开原来的老板，创办了自己的公司——波阳实业。岳父李浩明是当地有名的企业家，家族事业涉及很广，在岳父的大力扶持下，公司业务自然风生水起。一年的时间，公司的营业额就已经过亿了。

刘东强已然成为小有名气的企业家，不仅实现了当初的一个愿望——在自己小区附近给父母买套房子，让父母搬过去住，而且还给自己添置了一辆100多万元的豪华奔驰轿车。

这时的刘东强，在旁人眼里可以说是风光无限了！既让同行刮目相看，又让人眼红得不得了。

照此势头发展下去，再过几年，等兼并几家同行，波阳实业就能华丽升级为集团公司，到那时，刘东强就会轻松跻身深圳企业家前列，妥妥的人生赢家了。就在刘东强雄心勃勃，强势收购之际，岳父李浩明突然中风，虽然抢救及时挽回了生命，但是由于病情严重，岳父陷入了长期昏迷，成了植物人。

对刘东强及李馨的家人来说，这个结果无疑是一道晴天霹雳！岳父不仅是李家的支柱，从某种意义上说也是刘东强的后台。在这个靠人脉关系变现的社会，一旦人际关系发生重大变化，家族企业的命运也就岌岌可危！

果不其然，岳父李浩明变成植物人才两个月，与刘东强有业务联系的公司就减少至不到鼎盛时期的三成。而且，由于小舅子李汉文经营不善，岳父的公司也面临前所未有的危机！

屋漏偏逢连夜雨。在这个节骨眼上，波阳实业的资金链出现了问题，先是被小舅子以救急为名借走了1,000万元，导致账面资金捉襟见肘；再遇金融风暴影响，供应商生存压力陡增，账期缩短，整天催款电话不断，这些都让刘东强焦头烂额。而最让刘东强苦恼的是，不知谁走漏了风声，公司资金紧张的消息还影响了团队稳定，虽然没有

"作鸟兽散"，但几个业务骨干改换门庭，跳槽去了竞争对手的阵营。

"真是一帮不讲义气的家伙！"刘东强狠狠地骂道。

加快向客户催款吧，刘东强下令大范围催收业务款，却又遇到了客户要先给发票才付款的难题。几千万元的发票，仅税金就要交好几百万元。想着捉襟见肘的资金，交了税就像打水漂一样，连个动静都听不到，刘东强心有不甘啊！

天使与魔鬼的转变也就在一念之间，刘东强动起了买发票抵扣进项税的歪脑筋。"手莫伸，伸手必被捉"，也就是这一次，被竞争对手抓住了把柄实名举报给税务局。

锒铛入狱

正当刘东强与妻子商量如何东山再起的时候，宝安区公安分局经侦大队的警察不期而至，并带来了传唤书，“波阳实业总经理刘东强，有人举报你在XX年XX月XX日虚开增值税发票，涉嫌金额重大，请配合我们进行调查……”

法网恢恢、疏而不漏！

对于这种结果，刘东强是有心理准备的，却又抱着侥幸的心理，希望自己能成为漏网之鱼。但是，没想到这一天来得如此之快！面对这个结果，刘东强心里五味杂陈，感叹命运这东西太难捉摸了。与此同时，他心里也还有些疑惑，到底是谁举报了自己？

不过，这一切已经不重要了。两个月之后，区法院的判决书就下来了：刘东强犯虚开增值税发票罪，被判处有期徒刑十年，处罚金人民币20万元，并被依法追缴违法所得。

一切尘埃落定！刘东强开始了漫长的牢狱生活……

十年，对于岁月，不算太久！但对于刘东强来说，像度过了一个世纪！十年内他与妻子离婚了，妻子再嫁，孩子管别人叫爸爸了！母亲病故，老父亲没人照顾，两年前就住进了养老院。

让刘东强稍感安慰的是大学同学高雨阳一如既往不离不弃，坚持每年都过来探监。得知刘东强出狱，高雨阳特地打来电话告知刘东强："我已从老家的单位辞职，现在在北京的金财控股任职。虽然不能亲自到场迎接你，但我会在北京等你来！"

黄昏，远离村落的坟地里，已经没有了暮色的渲染，田间散落的坟头稀疏，坟头的枯草在风中摇曳，显得格外冷清。几只老鸦停落在光秃秃的树枝上，哇哇的叫声在陵园里回荡着，透着几许凄凉。

"娘啊！不孝的儿子回来了……"刘东强沙哑着嗓子

泣不成声，他跪在母亲的坟前已经有些时间了，任凭父亲挽着却不愿起身。没有尽到孝心，连和母亲永别也没见上一面，成为刘东强心中永远的痛。母亲已魂归天堂，这辈子再也无法弥补这个遗憾，再也无力救赎这颗失落的心！

在家待了几天后，刘东强拨通了已经到北京发展的高雨阳的电话，却哽咽着说不出一句话。电话那边，高雨阳没有太多话语："兄弟，出来就好！来北京吧，我们从头再来，东山再起。"

三天之后，刘东强坐上了北上的高铁，一出北京西站，就见到了让自己看到重生希望的身影——高雨阳。二人紧紧抱在一起，重逢的泪水一遍又一遍滋润着相逢的喜悦。

晚宴接风洗尘、推杯换盏之后，刘东强将出来之后的所见、所闻、所感，逐一给高雨阳说了一遍，神情沮丧不已。

"哎！"高雨阳拍了拍刘东强的肩膀说："人生不如意十之八九，谁还没个事，活着就是为了折腾。我不是也从老家出来了吗？不是也从头再来了吗？"

"是啊，你不是在单位混得挺好，县里的领导不是很器重你吗？怎么想到来北京发展了？”刘东强一脸疑惑。曾经的高雨阳也是一帆风顺，事业干得得心应手，还在单位担任重要职位，听说还要提拔当镇长，怎么突然就下海了呢？

“所以说嘛，家家都有本难念的经！”高雨阳有些伤感。曾经的自己何尝不是意气风发，事业蒸蒸日上，可是一场意外让他看透了人生。器重自己的领导接二连三出事倒下，虽然自己没有受到波及，他却在其中看尽了世态炎凉。

“人生，最宝贵的财富其实是健康和自由，最大的快乐是追逐和实现自己的梦想。”高雨阳激昂地说：“我从小的梦想就是做别人没办法做，或者是别人不敢做的事。当然，违法违纪的事除外。”

“是啊！我就是因为不知敬畏法律，以身试法，才落到今天的地步。如若不然，就可以和兄弟一起大话梦想了……”刘东强又略带惭愧地低下头。

“往事不堪回首，重要的是好好把握今天！”高雨阳接着说，“兄弟，我和几个志同道合的朋友前不久加入了金财控股，主做大中型民营企业的税收筹划业务，现在已初见成效。你这样的例子我见了不少，虽然读过大学，也见过世面，但在开展公司业务的时候，忽略了财税和法律在公司业务中的重要性。我现在就和你聊聊这些事，既是吸取教训，也算是未雨绸缪，还可以为你介绍几位优秀的咨询老师，先给你上一堂精彩的财税入门课。”

民营企业的 14 宗罪

“你们这些民企老板对于企业纳税多多少少存在心理误区。”高雨阳接着说：“有的人想着在纳税上搞小动作，有的人想着和税务局搞好关系就能得到关照，有的人干脆以身试法，这些都不可取。尤其是以身试法，简直愚蠢之极！”

酒过三巡，酒精的作用让刘东强满面通红，昏暗的灯光掩盖了他内心的惭愧，想起昨天依然是悔恨在心。曾经的冲动和无知，让自己一下子失去了宝贵的十年光阴，还有那噩梦般的家破人亡……往事不堪回首！

“那到底哪些事情不能干？哪些又是触碰到了法律的红线呢？”刘东强迫不及待地问。

“你呀你呀，原来读大学的时候不是挺沉稳吗？这么多年过去了，性子咋还变急了呢？”高雨阳半开玩笑半认真地说道。

“能不急吗？我都耽误十年了，人生有多少个十年能真正用在拼事业上？这个痛怕是永远揭不过去了吧！”刘东强心里想着，眼睛却示意高雨阳赶快揭晓答案。

“这样吧，今天你也一路奔波劳累，我就简单地把涉税的十四种罪名跟你介绍一下，等你安定下来，改天我再把这些罪名对应的案例，包括我们公司代言人‘金财宝宝’的一些点评一起发个电子档给你。”高雨阳端起餐桌上的茶杯喝了一口，又接着说，“另外，你把张金宝老师写的一本财务畅销书《财务的力量 1：老板财务管控必修课》好好看一下。”

“《中华人民共和国刑法》分则第三章第六节及刑法修正案（七）、刑法修正案（八）规定了‘危害税收征管罪’，包括妨害税款征收的犯罪和妨害发票管理的犯罪，共十四种罪名。纳税人、扣缴义务人或者其他人实施上述危害税收征管的行为，应当按照刑法规定追究刑事责任，给予刑事处罚。

“而 14 宗罪的罪名分别是：

1. 逃税罪；

2. 抗税罪；

3. 逃避追缴欠税罪；

4. 骗取出口退税罪；

5. 虚开增值税专用发票用于骗取出口退税、抵扣税款发票罪；

6. 虚开发票罪；

7. 伪造、出售伪造的增值税专用发票罪；

8. 非法出售增值税专用发票罪；

9. 非法购买增值税专用发票、购买伪造的增值税专用发票罪；

10. 非法制造、出售非法制造的用于骗取出口退税、抵扣税款发票罪；

11. 非法制造、出售非法制造的发票罪；

12. 非法出售用于骗取出口退税、抵扣税款发票罪；

13. 非法出售发票罪；

14. 持有伪造的发票罪。”

高雨阳一口气说完后又呷了口茶，一脸严肃地望着刘东强，“其实以我个人分析，你曾经做的那件傻事，可能不仅仅是犯了其中‘虚开增值税发票用于抵扣税款罪’这一条，从严来说，你还涉及‘非法购买增值税专用发票罪’，而为你提供发票的人，可能和你一样也是涉及多个罪名！”

刘东强点点头，没再说什么。俩人吃完饭后，高雨阳邀请刘东强加入金财控股。对此刘东强婉言谢绝了，一来自己对财税领域知之甚少，二来他还想继续从事自己擅长的销售领域。他计划自己抽时间先出去找公司应聘，待时机成熟，再自己创业单干。

在此之前，刘东强对税务筹划这个行业闻所未闻。但直觉告诉他，这个行业大咖云集、高深莫测。虽然自己现在还不是老板，不过倒是可以先学习学习，武装自己的头脑，这样才有可能提前意识到潜在的风险。世上无难事，只怕有心人！只要用心去做，这世间恐怕只有想不到，没有做不到的事。

来到北京的第十天，刘东强就正式报名参加了金财控股的“总裁财商思维”，课堂上张老师风趣幽默的讲解，让刘东强听得如痴如醉。

从企业老总到阶下囚，再从头来过，刘东强重新走进课堂后的心情异常平静，完全是一副学生的姿态。当高雨阳给他发来涉税处罚案例之后，刘东强便一头扎进了这摞资料之中……

我好想逃，却逃不了

【对应罪名】

逃税罪（又名偷税罪）。

【法律责任】

纳税人采取欺骗、隐瞒手段进行虚假纳税申报或者不申报，逃避缴纳税款数额较大并且占应纳税额10%以上的，处三年以下有期徒刑或者拘役，并处罚金。数额巨大并且占应纳税额30%以上的，处三年以上七年以下有期徒刑，并处罚金。

【案例简介】

张某于2002年10月27日至2009年11月25日任厂长期间，决定该厂采取虚假纳税申报的手段少缴应纳税款。

经司法鉴定，该厂2003年1月1日至2008年11月30日，取得四项收入共计9,403,719.14元，其中，应计税收入1,748,760元（出租房屋收入），不计税收入7,654,959.14元（包括销售固定资产收入387,159.14元、销售房产收入2,267,800元和拆迁补偿收入5,000,000元）。按应计税收入1,748,760元计算，应缴各税种税款总额738,662.34元，已缴各税种税款总额97,351.09元，应缴未缴各税种税款405,429.63元，涉嫌偷税数额229,965.02元，涉嫌偷税数额占应纳税额的百分比31.13%。

2008年12月2日，缴纳税收罚款5万元，其中：

1. 2003年度应计税收入290,500元，应缴各税种税款总额52,392.35元，在该纳税年度已缴各税种税款总额5,066.20元，涉嫌偷税数额47,326.15元，涉嫌偷税数额占应纳税额的百分比90.33%。

2. 2004年度应计税收入483,900元，应缴各税种税款总额85,635.65元，在该纳税年度已缴各税种税款总额3,342.20元，涉嫌偷税数额82,293.45元，涉嫌偷税数额占应纳税额的百分比 96.10%。

3. 2005 年度应计税收入 334,132 元，应缴各税种税款总额 71,690.90 元，在该纳税年度已缴各税种税款总额 15,601.58 元，涉嫌偷税数额 50,172.72 元，涉嫌偷税数额占应纳税额的百分比 90.67%。

4. 2006 年度应计税收入 298,766 元，应缴各税种税款总额 55,335.90 元，在该纳税年度已缴各税种税款总额 5163.20 元，涉嫌偷税数额 50,172.70 元，涉嫌偷税数额占应纳税额的百分比 90.67%。

5. 2007 年度应计税收入 298,662 元，应缴各税种税款总额 183,267.32 元，在该纳税年度已缴各税种税款总额 55,617.86 元，应缴未缴各税种税款总额 127,649.46 元。

6. 2008 年度应计税收入 42,800 元，应缴各税种税款总额 290,340.22 元，在该纳税年度已缴各税种税款总额 12,560.05 元，应缴未缴各税种税款总额 277,780.17 元。

【处罚结果】

被告单位某厂于 2003 年至 2008 年期间少缴应纳税款数额达 229,965.02 元，少缴应纳税款数额占应纳税额的比例最高为 31.13%。虽在公安机关立案侦查以前补缴了应纳税款，但系在纳税义务发生期后补缴税款，其补缴税款不能减记偷税数额，应仍以偷税罪追究刑事责任。被告人张某作为企业法定代表人，对该厂采取虚假纳税申报的手段少缴应纳税款，负有直接责任，亦构成偷税罪，检察机关指控罪名成立，应予惩处。

依据《中华人民共和国刑法》第二百零一条第一款、第三十条、第三十一条、第五十二条、第五十三条、第七十二条及《最高人民法院关于审理偷税抗税刑事案件具体应用法律若干问题的解释》第一条第三款、第二条第五款的规定，判决如下：

一、被告单位该厂犯偷税罪，判处罚金人民币三十万元，于本判决生效后十日内缴纳。

二、被告人张某犯偷税罪，判处有期徒刑三年，缓刑四年。

虚开，为你打开牢狱之门

【对应罪名】

虚开增值税专用发票罪。

【法律责任】

虚开增值税专用发票或者虚开用于骗取出口退税、抵扣税款的其他发票的，处三年以下有期徒刑或者拘役，并处二万元以上二十万元以下罚金；虚开的税款数额较大或者有其他严重情节的，处三年以上十年以下有期徒刑，并处五万元以上五十万元以下罚金；虚开的税款数额巨大或者有其他特别严重情节的，处十年以上有期徒刑或者无期徒刑，并处五万元以上五十万元以下罚金或者没收财产。

单位犯本条规定之罪的，对单位判处罚金，并对其直接负责的主管人员和其他直接责任人员，处三年以下有期徒刑或者拘役；虚开的税款数额较大或者有其他严重情节的，处三年以上十年以下有期徒刑；虚开的税款数额巨大或者有其他特别严重情节的，处十年以上有期徒刑或者无期徒刑。

【案例简介】

2011 年 9 月至 2012 年 6 月，被告单位为了帮助孟某（另案处理）进行虚假账面交易，在无真实货物的情况下，与其他公司签订了虚假的购买合同，取得虚开的增值税专用发票共计 336 份，价税合计 36,011,408.60 元，其中货款 30,778,981.66 元，用以抵扣税款 5,232,426.94 元。

被告单位在无真实货物交易的情况下，与其他公司签订虚假货物销售合同，对外虚开增值税专用发票 323 份，价税合计 35,748,761.50 元，其中货款 30,554,497.01 元，帮助上列公司用以抵扣税款 5,194,264.49 元。

李某作为被告单位的总经理，负责公司的全面业务并主管财务，明知公司没有实际巨额的采购和销售业务，决定帮助孟某进行虚假账面交易，安排公司人员伪造虚假的增值税专用发票、入库单、付款单、合同等资料，并签批了大量付款单据。同时，为完善财务资料和合同的形式，还安排进行了虚假货物购买、销售涉及的巨额资金收款、支取流转；万某某系被告单位大庆地区的销售经理，在接受、虚开增值税发票的过程中介绍、促成了该次虚假账面交易，且巨额虚假交易挂在其名下。

【处罚结果】

为打击经济犯罪行为，维护国家发票管理制度和税收征收管理秩序，依照《中华人民共和国刑法》第二百零五条第二款、第三款，第二十五条第一款，第二十六条第一款、第四款，第二十七条第一款，第六十七条第一款以及第五十二条、第五十三条之规定，判决如下：

一、被告单位犯虚开增值税专用发票罪，判处罚金人民币一百万元。

二、被告人李某犯虚开增值税专用发票罪，判处有期徒刑八年。

三、被告人万某某犯虚开增值税专用发票罪，判处有期徒刑三年。

一个骗子的唏嘘故事

【对应罪名】

骗取出口退税罪。

【法律责任】

以假报出口或者其他欺骗手段，骗取国家出口退税款，数额较大的，处五年以下有期徒刑或者拘役，并处骗取税款一倍以上五倍以下罚金；数额巨大或者有其他严重情节的，处五年以上十年以下有期徒刑，并处骗取税款一倍以上五倍以下罚金；数额特别巨大或者有其他特别严重情节的，处十年以上有期徒刑或者无期徒刑，并处骗取税款一倍以上五倍以下罚金或者没收财产。

纳税人缴纳税款后，采取前款规定的欺骗方法，骗取所缴纳的税款的，依照逃税罪定罪处罚，骗取税款超过所缴纳的税款部分，依照前款的规定处罚。

【案例简介】

某工艺品制造公司于2007年2月2日注册成立，2008年10月1日认定为增值税一般纳税人，属于免抵退税企业，单独核算出口货物进项税额。法定代表人及总经理为费某（另案处理），被告人王某系该公司股东、监事、财务总监。

2007年2月至2013年7月期间，该公司违反增值税专用发票管理规定，在没有实际货物交易的情况下，通过控制公司（账号78×××53）、蔡某甲（卡号62×××97）、张某甲(卡号62×××89、62×××29)、蔡某乙(卡号62×××95)在光大银行深圳蛇口支行的账户，并以蔡某甲、张某甲、蔡某乙三人作为农副产品采购小组长，以网银资金往来的方式，虚构公司向蔡某甲、张某甲、蔡某乙三人采购农副产品交易记录，同时将事先掌握到的蔡某甲、张某甲、蔡某乙、郭某等大量其他人员身份证复印件提供给财务石某（另案处理），虚构农副产品的入库、出库记录，同时制作相应账本，为同一公司虚开货物名称主要为柳篮、藤圈、竹帘、木片箱、竹架、蕉叶箱、草摆饰等农副产品。收购发票，合计3,894份，发票金额180,772,332.40元，税额23,500,403.24元。

该工艺品制造公司在没有农副产品实际出口销售情况下，违反发票管理法规，通过石某虚构货物名称为柳篮、竹篮等农副产品出口销售记录，并以同一公司名义虚开深圳市出口商品发票，合计126份，金额158,438,555.30元。

2007年2月至2013年7月期间，费某、王某为达到骗取国家出口退税的目的，向从事进出口报关业务（炒单中介）的杨某、宾某（另案处理），以及买单货主被告人赖某、赖某甲、唐某、罗某等人购买其公司的货物出口信息，将其公司出口的货物以同一公司名义进行报关出口，虚构同一公司销售出口行为。

2007年2月至2013年7月期间，该工艺品制造公司向深圳市南山区国家税务局申请出口退税额共计1,539万元，已取得国家退税款15,086,244.72元。

【处罚结果】

受案法院认为，王某虚开用于骗取出口退税、抵扣税款的农副产品收购发票，数额巨大，其行为已构成虚开用于骗取出口退税、抵扣税款发票罪。

罗某及作为单位直接负责的主管人员赖某、被告人赖某甲和唐某，在明知该公司没有真实货物贸易销售出口的情况下，为其骗取国家出口退税提供帮助，其行为均已构成骗取出口退税罪；其中，赖某骗取国家出口退税款数额特别巨大，罗某骗取国家出口退税款数额巨大，被告人赖某甲、唐某骗取国家出口退税款数额较大。

在以该工艺品制造公司名义虚开用于骗取出口退税、抵扣税款发票的共同犯罪中，王某受费某指使实施上述行为，起次要作用，系从犯，依法予以减轻处罚。赖某及原审被告人赖某甲、唐某案发后自动投案，如实供述自己的罪行，系自首，依法可以从轻或减轻处罚。赖某、罗某及原审被告人赖某甲、唐某为同一公司提供货物出口信息，对同一公司骗取出口退税的行为起到帮助作用，系从犯，依法应当从轻或减轻处罚。赖某及被告人赖某甲、唐某作为单位直接负责的主管人员，将单位信息出售给他人，对上诉人赖某及原审被告人赖某甲、唐某应以单位犯罪中直接负责的主管人员追究刑事责任。赖某所在的某公司在案发后已积极补缴税款，挽回国家税款损失，对此在量刑时予以考虑。

依照《中华人民共和国刑法》第二百零五条第一款、第二百零四条第一款、第二百一十一条、第二十五条第一款、第二十七条、第六十七条第一款及《中华人民共和国刑事诉讼法》第二百二十五条第一款第（二）项之规定，判决如下：

赖某犯骗取出口退税罪，判处有期徒刑五年，并处罚金人民币四十万元。

“自产自销”，自食其果

【对应罪名】

伪造、出售伪造的增值税专用发票罪。

【法律责任】

伪造或者出售伪造的增值税专用发票的，处三年以下有期徒刑、拘役或者管制，并处二万元以上二十万元以下罚金；数量较大或者有其他严重情节的，处三年以上十年以下有期徒刑，并处五万元以上五十万元以下罚金；数量巨大或者有其他特别严重情节的，处十年以上有期徒刑或者无期徒刑，并处五万元以上五十万元以下罚金或者没收财产。

单位犯本罪的，对单位判处罚金，并对其直接负责的主管人员和其他直接责任人员，处三年以下有期徒刑、拘役或者管制；数量较大或者有其他严重情节的，处三年以上十年以下有期徒刑；数量巨大或者有其他特别严重情节的，处十年以上有期徒刑或者无期徒刑。

【案例简介】

2011 年 7 月以来，蒋某承租本市海淀区一间公寓的 20× 室，伙同李某等人非法销售增值税专用发票。

2012 年 2 月 26 日，蒋某在本市海淀区海淀南路附近因形迹可疑被巡逻民警查获，民警当场从其搬运的纸箱内起获增值税专用发票 1187 份及公章、营业执照等物。当日，民警在 20× 室内起获了打印机、税控机、电脑等物，并将返回该地点的李某抓获，同时起获其随身携带的钥匙 31 把。

经鉴定，涉案增值税专用发票中有 68 份系伪造，票面额累计人民币 938 万余元，其余 1,119 份增值税专用发票系真发票。

蒋某、李某二人违反国家增值税发票管理制度，出售伪造的增值税专用发票，数量巨大，其行为均已构成出售伪造的增值税专用发票罪；二人非法出售增值税专用发票，数量巨大，其行为亦均已构成非法出售增值税专用发票罪，应与二人所犯出售伪造的增值税专用发票罪二罪并罚。

蒋某在共同犯罪中起主要作用，系主犯，法院按照其组织、指挥的全部犯罪事实对其进行处罚。蒋某、李某二人虽已经着手实施犯罪，但由于意志以外的原因未能得逞，系犯罪未遂，结合蒋某到案后能够如实供述犯罪事实，李某在共同犯罪中起次要作用，属于从犯等情节，对两位被告人所犯出售伪造的增值税专用发票罪和非法出售增值税专用发票罪均依法减轻处罚。

【处罚结果】

该案最终判决如下：

一、被告人蒋某犯出售伪造的增值税专用发票罪，判处有期徒刑七年，罚金人民币十万元；犯非法出售增值税专用发票罪，判处有期徒刑六年，罚金人民币五万元；二罪并罚，决定执行有期徒刑十二年，罚金人民币十五万元。

二、被告人李某犯出售伪造的增值税专用发票罪，判处有期徒刑五年，罚金人民币五万元；犯非法出售增值税专用发票罪，判处有期徒刑五年，罚金人民币五万元；二罪并罚，决定执行有期徒刑九年，罚金人民币十万元。

发票不是你想卖就能卖

【对应罪名】

非法出售增值税专用发票罪。

【法律责任】

非法出售增值税专用发票的，处三年以下有期徒刑、拘役或者管制，并处二万元以上二十万元以下罚金；数量较大的，处三年以上十年以下有期徒刑，并处五万元以上五十万元以下罚金；数量巨大的，处十年以上有期徒刑或者无期徒刑，并处五万元以上五十万元以下罚金或者没收财产。

【案例简介】

2011年2月，李某伙同他人为非法获取增值税专用发票，经事先商量，在报纸上刊登“求购公司”的广告。后由李某虚构身份“余某”，假借购买绍兴市A淀粉有限公司的名义，在未办理工商变更登记手续的情况下，从该公司实际经营人王某甲处骗得该公司的发票领购本以及开票用的金税卡、电脑主机等物品；由朱某虚构身份“魏先奎”，冒充绍兴市A淀粉有限公司工作人员到绍兴市国税局多次骗购10万元限额的增值税专用发票，先后骗购增值税专用发票125份，并将上述发票交给被告人李某；再由被告人李某将上述空白发票出售给深圳的“小张”(另案处理)。被告人李某及合伙人共计非法获利人民币14万余元。

2014年7月30日，李某在浙江省杭州市萧山国际机场被公安机关抓获归案。案发后，未清退赃款。

为证明上述指控，公诉人当庭宣读和出示了相关证据。

公诉机关认为，被告人李某违反国家发票管理规定，伙同他人非法出售增值税专用发票，数量巨大，且系共同犯罪，应当以非法出售增值税专用发票罪追究其刑事责任。其在有期徒刑刑罚执行完毕后五年内再犯应当判处有期徒刑以上刑罚之罪，属累犯。提请本院依照《中华人民共和国刑法》第二百零七条、第二十五条第一款、第六十五条之规定处罚。

【处罚结果】

依照《中华人民共和国刑法》第二百零七条、第二十五条第一款、第五十六条、第六十五条第一款、第六十七条第三款、第六十四条及最高人民法院关于适用《全国人民代表大会常务委员会关于惩治虚开、伪造和非法出售增值税专用发票犯罪的决定》的若干问题的解释第二条第四款、第三条之规定，判决如下：

被告人李某犯非法出售增值税专用发票罪，判处有期徒刑十二年，剥夺政治权利二年，并处罚金人民币十万元（刑期从判决执行之日起计算。判决执行以前先行羁押的，羁押一日折抵刑期一日。罚金限在法院判决生效后十日内缴纳）。

戚某的“致富”秘诀

【对应罪名】

虚开增值税专用发票罪。

【法律责任】

虚开增值税专用发票或者虚开用于骗取出口退税、抵扣税款的其他发票的，处三年以下有期徒刑或者拘役，并处二万元以上二十万元以下罚金；虚开的税款数额较大或者有其他严重情节的，处三年以上十年以下有期徒刑，并处五万元以上五十万元以下罚金；虚开的税款数额巨大或者有其他特别严重情节的，处十年以上有期徒刑或者无期徒刑，并处五万元以上五十万元以下罚金或者没收财产。

单位犯本罪的，对单位判处罚金，并对其直接负责的主管人员和其他直接责任人员，处三年以下有期徒刑或者拘役；虚开的税款数额较大或者有其他严重情节的，处三年以上十年以下有期徒刑；虚开的税款数额巨大或者有其他特别严重情节的，处十年以上有期徒刑或者无期徒刑。

【案例简介】

2008年，被告人戚某先后与杨某、方某（均另案处理）等人商定，由杨某等人支付戚某票面金额3.5%~4.5%的好处费，戚某或者其他加弹户在向企业购买涤丝且不需要增值税专用发票时，将发票开具给杨某等人指定的A贸易有限公司、B袜业有限公司、C有限公司、D贸易有限公司、E工贸有限责任公司、F有限公司等企业。后被告人戚某联系其他购买涤丝的加弹户，承诺给予他们价格优惠或支付票面金额3%~4%的好处费，要求他们将增值税专用发票交由自己处理。之后，在加弹户购买涤丝时，被告人戚某便通知上述需要发票的企业将对应的货款支付给F有限公司等开票企业，开票企业根据付款企业的名称及被告人戚某提供的开票资料开具增值税专用发票。后被告人戚某再从加弹户处收取货款，扣下0.5%的好处费后转款至受票企业。

2008年2月至2009年4月，被告人戚某经由上述公司虚开增值税专用发票569份，合计税额10,288,457.2元。

公诉机关认为，被告人戚某违反增值税专用发票管理规定，虚开增值税专用发票，虚开的税款数额巨大，应当以虚开增值税专用发票罪追究其刑事责任。被告人戚某犯罪后主动投案，并如实供述自己的罪行，系自首。故提请本院对被告人戚某依照《中华人民共和国刑法》第二百零五条第一款、第三款，第六十七条第一款的规定处罚。

【处罚结果】

根据被告人戚某的犯罪事实、性质、情节和对社会的危害程度，依照《中华人民共和国刑法》第二百零五条第一款、第三款，第六十七条第一款之规定，判决如下：

被告人戚某犯虚开增值税专用发票罪，判处有期徒刑十年，并处罚金人民币二十万元（刑期从判决执行之日起计算。判决执行以前先行羁押的，羁押一日折抵刑期一日，罚金限判决生效后十日内缴纳）。

双管齐下，数罪并罚

【对应罪名】

伪造、出售伪造的增值税专用发票罪和非法制造、出售非法制造的发票罪。

【法律责任一】

伪造或者出售伪造的增值税专用发票的，处三年以下有期徒刑、拘役或者管制，并处二万元以上二十万元以下罚金；数量较大或者有其他严重情节的，处三年以上十年以下有期徒刑，并处五万元以上五十万元以下罚金；数量巨大或者有其他特别严重情节的，处十年以上有期徒刑或者无期徒刑，并处五万元以上五十万元以下罚金或者没收财产。

单位犯本罪的，对单位判处罚金，并对其直接负责的主管人员和其他直接责任人员，处三年以下有期徒刑、拘役或者管制；数量较大或者有其他严重情节的，处三年以上十年以下有期徒刑；数量巨大或者有其他特别严重情节的，处十年以上有期徒刑或者无期徒刑。

【法律责任二】

伪造、擅自制造或者出售伪造、擅自制造的可以用于骗取出口退税、抵扣税款的其他发票的，处三年以下有期徒刑、拘役或者管制，并处二万元以上二十万元以下罚金；数量巨大的，处三年以上七年以下有期徒刑，并处五万元以上五十万元以下罚金；数量特别巨大的，处七年以上有期徒刑，并处五万元以上五十万元以下罚金或者没收财产。

【案例简介】

2012年12月，王某与曾某（另案处理）决定合伙印制假发票出售牟利，并租赁广东一出租屋作为印制场所，购买了印刷机、切纸机、纸张等设备及原材料，又雇请上诉人陈某，原审被告人龚某、曾某、林某等人帮忙印制假发票。至案发时已印制并销售了假增值税专用发票6,500份、其他假发票656,475份。2013年10月25日，侦查机关在上述印制点当场查获假增值税专用发票3,450份、其他假发票217,178份及印刷机、切纸机、纸张等设备、原材料一批。

上述事实有物证、书证、证人证言、同案人的供述、被告人的供述等证据证实。

受案法院认为，被告人王某、陈某、龚某、曾某、林某非法印制并出售增值税专用发票，数量巨大；非法印制并出售除可以用于骗取出口退税、抵扣税款的发票以外的其他发票，其行为均构成伪造、出售伪造的增值税专用发票罪和非法制造、出售非法制造的发票罪。王某在共同犯罪中起主要作用，是主犯；陈某、龚某、曾某、林某在共同犯罪中起次要作用，是从犯，依法予以减轻处罚。

【处罚结果】

根据《中华人民共和国刑法》第二百零六条第一款，

第二百零九条第二款，第二十六条第一、四款，第二十七条，第六十九条以及《中华人民共和国刑事诉讼法》第二百二十五条第一款第（一）项，判决如下：

一、被告人王某犯伪造、出售伪造的增值税专用发票罪，判处有期徒刑十五年，并处罚金人民币四十万元；犯非法制造、出售非法制造的发票罪，判处有期徒刑二年，并处罚金人民币五万元；总和刑期十七年，并处罚金人民币四十五万元，决定执行有期徒刑十六年，并处罚金人民币四十五万元。

二、被告人陈某犯伪造、出售伪造的增值税专用发票罪，判处有期徒刑九年，并处罚金人民币十万元；犯非法制造、出售非法制造的发票罪，判处有期徒刑一年六个月，并处罚金人民币四万元；总和刑期十年六个月，并处罚金人民币十四万元，决定执行有期徒刑九年六个月，并处罚金人民币十四万元。

三、被告人龚某犯伪造、出售伪造的增值税专用发票罪，判处有期徒刑七年，并处罚金人民币八万元；犯非法制造、出售非法制造的发票罪，判处有期徒刑一年三个月，并处罚金人民币三万元；总和刑期八年三个月，并处罚金人民币十一万元，决定执行有期徒刑七年三个月，并处罚金人民币十一万元。

四、被告人曾某犯伪造、出售伪造的增值税专用发票罪，判处有期徒刑五年六个月，并处罚金人民币六万元；犯非法制造、出售非法制造的发票罪，判处有期徒刑一年，并处罚金人民币二万元；总和刑期六年六个月，并处罚金人民币八万元，决定执行有期徒刑五年九个月，并处罚金人民币八万元。

五、被告人林某犯伪造、出售伪造的增值税专用发票罪，判处有期徒刑五年，并处罚金人民币五万元；犯非法制造、出售非法制造的发票罪，判处有期徒刑一年，并处罚金人民币一万元；总和刑期六年，并处罚金人民币六万元，决定执行有期徒刑五年三个月，并处罚金人民币六万元。

你若虚开，法网自来

【对应罪名】

虚开增值税专用发票罪。

【法律责任】

虚开增值税专用发票或者虚开用于骗取出口退税、抵扣税款的其他发票的，处三年以下有期徒刑或者拘役，并处二万元以上二十万元以下罚金；虚开的税款数额较大或者有其他严重情节的，处3年以上十年以下有期徒刑，并处五万元以上五十万元以下罚金；虚开的税款数额巨大或者有其他特别严重情节的，处十年以上有期徒刑或者无期徒刑，并处五万元以上五十万元以下罚金或者没收财产。

【案例简介】

2007年8月1日，袁某在广东省东莞市经注册成立某家具有限公司，并担任该公司法人代表。2012年9月19日至2013年2月26日期间，被告人袁某通过于某（已判刑）介绍，在没有发生实际货物交易的情况下，按开票金额百分之四支付费用，从湖南省某木制品厂丁某（已判刑）处虚开增值税专用发票45份，发票金额4,182,813.33元，发票税额711,078.07元，价税合计4,893,890.40元，并已全部抵扣税款。

另查明，案发后袁某已将上述711,078.07元赃款退缴至公安机关。案件审理期间，法院委托广东省东莞市司法局对被告人袁某是否适用社区矫正进行调查评估，经调查评估该局建议对被告人袁某适用社区矫正。

袁某在法庭审理过程中亦无异议，且有书证被告人袁某的户籍资料、到案经过、东莞市国家税务局提供的东莞市该家具有限公司2012年10月至2013年3月期间认证相符增值税专用发票清单、增值税纳税申报资料、该家具有限公司在东莞市农村商业银行股份有限公司账户流水信息、企业工商登记资料、湖南省非税收入一般缴款书；被告人袁某的供述；怀化市泰信司法鉴定所司法鉴定意见、东莞市社区矫正社会调查评估意见等证据证明，足以认定。

法院认为：袁某作为该家具有限公司直接负责的主管人员，违反国家税收征管规定，让他人为该单位虚开增值税专用发票，数额较大，其行为已构成虚开增值税专用发票罪。公诉机关指控被告人袁某虚开增值税专用发票罪罪名成立。被告人袁某如实供述自己罪行，当庭自愿认罪，且全部退缴赃款，依法可以从轻处罚。犯罪人袁某符合《中华人民共和国刑法》第七十二条第一款规定的相关条件，经社区矫正部门评估，可以宣告缓刑，适用社区矫正。

【处罚结果】

法院依照《中华人民共和国刑法》第二百零五条，第五十二条，第五十三条，第六十七条第三款，第七十二条，第七十三条第二、三款，第七十六条之规定，判决如下：

被告人袁某犯虚开增值税专用发票罪，判处有期徒刑三年，缓刑三年，并处罚金人民币十二万元。

正规渠道购发票，你好我好大家好

【对应罪名】

非法制造、出售非法制造的发票罪，持有伪造的发票罪。

【法律责任一】

伪造、擅自制造或者出售伪造、擅自制造的不具有骗取出口退税、抵扣税款功能的普通发票的，处二年以下有期徒刑、拘役或者管制，并处或者单处一万元以上五万元以下罚金；情节严重的，处二年以上七年以下有期徒刑，并处五万元以上五十万元以下罚金。

【法律责任二】

非法出售普通发票的，处二年以下有期徒刑、拘役或者管制，并处或者单处一万元以上五万元以下罚金；情节严重的，处二年以上七年以下有期徒刑，并处五万元以上五十万元以下罚金。

【法律责任三】

明知是伪造的发票而持有，数量较大的，处二年以下有期徒刑、拘役或者管制，并处罚金；数量巨大的，处二年以上七年以下有期徒刑，并处罚金。

单位犯本罪的，对单位判处罚金，并对其直接负责的主管人员和其他直接责任人员，依照前款的规定处罚。

【案例简介】

2010年，薛某创立某印刷公司，因经营不善，便打起了印制假发票的念头。2011年2月，薛某向从事餐饮业的胡某、从事文体用品的李某、从事劳务服务业的陈某等顾客兜售发票，获取非法利润。

胡某、李某、陈某三人从薛某手中购买伪造的地方税务局通用定额发票、通用手工发票后，开具给当地部分行政事业单位报账使用，经当地审计、税务部门发现向当地公安机关举报。

公安民警顺藤摸瓜，将所有涉案制造假发票、兜售假发票和使用假发票的薛某、胡某、李某、陈某全部抓获，并在薛某住处查获大量伪造发票。

【处罚结果】

该案最终判决如下：

一、薛某违反国家税收和发票管理制度，以非法牟利为目的，非法制造，并向他人出售非法印制的发票，其行为已构成非法制造、出售非法制造的发票罪，情节严重，判处有期徒刑四年，并处罚金十万元。

二、胡某、李某、陈某明知是伪造的发票而非法持有并使用，数量巨大，其行为已构成持有使用伪造的发票罪，故判处有期徒刑二年，依法补缴涉案税款，各处罚金三万元。

K551 次列车——末路列车

【对应罪名】

虚开增值税发票。

【法律责任】

虚开增值税专用发票或者虚开用于骗取出口退税、抵扣税款的其他发票，处三年以下有期徒刑或者拘役，并处二万元以上二十万元以下罚金；虚开的税款数额较大或者有其他严重情节的，处三年以上十年以下有期徒刑，并处五万元以上五十万元以下罚金；虚开的税款数额巨大或者有其他特别严重情节的，处十年以上有期徒刑或者无期徒刑，并处五万元以上五十万元以下罚金或者没收财产。

单位犯本罪的，对单位判处罚金，并对其直接负责的主管人员和其他直接责任人员，处三年以下有期徒刑或者拘役；虚开的税款数额较大或者有其他严重情节的，处三年以上十年以下有期徒刑；虚开的税款数额巨大或者有其他特别严重情节的，处十年以上有期徒刑或者无期徒刑。

【案例简介】

2015年8月至2016年5月期间，被告人吴某伙同他人在无真实交易的情况下，让李某为其虚开受票单位为连云港某服饰有限公司的增值税专用发票49张，虚开税款额共计739,826.29元，其中44张增值税专用发票用于向税务机关抵扣。

2017年7月20日，被告人吴某在K551次列车上被牡丹江公安处乘警抓获。

【处罚结果】

法院认为，被告人吴某与他人在没有实际业务往来发生的情况下，让他人为自己虚开增值税专用发票，虚开税款数额较大，其行为已构成虚开增值税专用发票罪。泗水县人民检察院指控罪名成立，予以支持。依照《中华人民共和国刑法》第二百零五条第一、三款，第五十二条，五十三条之规定，判决如下：

被告人吴某犯虚开增值税专用发票罪，判处有期徒刑四年，并处罚金人民币五万元（刑期自判决执行之日起计算，判决执行之前先行羁押的，羁押一日折抵刑期一日。即自 2017 年 7 月 21 日起至 2021 年 7 月 20 日止。罚金已缴纳）。

梦醒时分，不做法盲

刘东强足足花了三天时间才把这些资料粗略地看了一遍，联想到自己的经历，这些案例让他触目惊心。一个个以身试法或故意钻法律空子的民营企业老总，和自己竟有那么的相似，真是利字当头、血泪不顾！

唯一的不同之处是，刘东强当年是受形势所迫，走投无路，而他们却是靠着税收犯罪来铸造自己的“发财梦”。

如果自己能够早点看到这些血泪史、读到这些警示录，知法、懂法、守法，不做法盲，不心存侥幸的话，是不是不会沦落到今天这个地步？是不是一家人还在享受天伦之乐？是不是自己早已扭转乾坤、事业也东山再起了？……

可这个世界上没有后悔药，自己种下的苦果只能自己含着泪吞下去。刘东强只是希望有一天高雨阳也能把自己的故事分享出来，也算是与世为善。

刘东强把心里的想法说给高雨阳听，高雨阳表示赞同，也告诉刘东强："法律其实是社会公平的重要砝码，是维护社会秩序的上层建筑，惩罚体系层次分明，比如《税法》，除了刑事处罚，还有行政处罚。公司做了一套资料，我也给你带了一本，你花时间看一下税收行政处罚实例。"

刘东强点着头，接过高雨阳递过来的资料；送走了高雨阳后，又一头扎进了税收警示录的"行政风云"中。

5

|第五章|

C A I W U D E L I L I A N G

财税处罚真实案例

娱乐圈税务问题，炸了

2018 年 5 月 28 日，著名主持人崔某一条“你不用演，你是真烂！”的微博引爆了舆论，该微博同时发布了几张演艺合同照片。根据合同显示，女演员范某可获得 1,000 万元片酬并拥有不符合常理的权力，包括有权修改剧本且拒绝不满意的造型等。

5 月 29 日，崔某再度曝光范某采用“大小”合同（阴阳合同）的手段，另行约定片酬 5,000 万元，两个合同共拿走片酬 6,000 万元。

国家税务总局对此事高度重视，6 月初，即责成江苏等地税务机关依法开展调查。该调查历时 4 个月。10 月 3 日，国家税务总局以及江苏省税务局正式公布范某偷税漏税一案的调查和处理结果：

经查，范某在剧组拍摄过程中实际取得片酬 3,000 万元，其中 1,000 万元已经申报纳税，其余 2,000 万元以拆分合同方式偷逃个人所得税 618 万元，少缴营业税及附加 112 万元，合计 730 万元。此外，范某及其担任法定代表人的企业少缴税款 2.48 亿元，其中偷逃税款 1.34 亿元。

根据当前的税法规定，范某及关联公司需要补缴税款、滞纳金及罚款如下：

公司补缴税款 2.55 亿元，税款滞纳金 0.33 亿元，罚款 2.4 亿元，其他类罚款 2.4846 亿元，共计 7.7646 亿元。

范某个人需要补缴税款 0.51 亿元，罚款 0.65 亿元。范某个人共计需要缴纳 1.16 亿元。

范某个人及其公司总计需要缴纳 8.9246 亿元。

除了上述处罚之外，范某偷税漏税一案的调查和处理结果还披露：

（1）范某所受到的是税务机关的行政处罚，并没有构成犯罪。

（2）范某的经纪人销毁会计凭证、会计账簿，涉嫌犯罪，被公安机关采取刑事强制措施。

（3）国家税务总局已经开始问责程序，追究税务机关相关人员未依法履职的责任。

（4）税务部门已部署影视行业自查自纠，年底前主动补缴税款的免于行政处罚，拒不纠正的将依法严肃处理。

一石激起千层浪，针对娱乐圈的税务问题，国家机关将重拳出击。

限制出境，无处可逃

刘某，女，1971年3月25日出生，汉族，户籍所在地北京市西城区，于1999年3月22日成立登记北京A商贸有限公司，任法定代表人。

2012年6月1日，原北京市密云区国家税务局（以下简称原密云国税局）向A公司作出《税务处理决定书》（密国处〔2012〕5号），认定A公司存在虚开增值税发票的违法行为，要求A公司补缴增值税8,450,322.31元。

2012年9月13日，原密云国税局向A公司作出《税务行政处罚决定书》（密国罚〔2012〕8号），对A公司的偷税和虚开发票的违法行为处以8,958,658.19元的罚款。

2012 年 9 月 17 日，原密云国税局向A公司公告送达了上述行政处理决定和行政处罚决定。

2012 年 10 月 22 日，A公司被吊销营业执照。

2015 年 6 月 9 日，原密云国税局向出境管理机关提出请示，要求对包括A公司在内的 11 家企业的法定代表人采取阻止出境措施。

2015 年 7 月 10 日，原密云国税局向原北京市国家税务局（以下简称原市国税局）提出申请，申请出境管理机关对刘某采取阻止出境措施。

2015 年 7 月 23 日，原密云国税局稽查局向刘某作出密国税稽阻〔2015〕2 号《阻止出境决定书》(以下简称《决定书》)，内容如下："北京A商贸有限公司：鉴于你（单位）未按规定结清应纳税款、滞纳金，又不提供纳税担保，根据《中华人民共和国税收征收管理法》(2015 年修正)（以下简称税收征管法）第四十四条规定，决定并通知出入境管理机关于 2015 年 7 月 23 日起阻止你（单位）出境。"

2015 年 9 月 29 日，原密云国税局稽查局将《决定书》

向刘某进行了送达。刘某收到《决定书》后向国家税务总局提起行政复议。

2015 年 10 月 12 日，国家税务总局收到刘某提交的复议申请及相关材料并予以受理。

2015 年 12 月 2 日，国家税务总局对上述行政复议申请进行了延期审理。

2016 年 1 月 7 日，国家税务总局作出税复决字〔2015〕13 号《行政复议决定书》（以下简称被诉复议决定），维持了原密云国税局稽查局作出的《决定书》。

2016 年 1 月，刘某于是向一审法院提起行政诉讼。

2016 年 11 月 4 日，一审法院依据《中华人民共和国行政诉讼法》第六十九条的规定，判决驳回了刘某的全部诉讼请求。

刘某不服，上诉至北京市第一中级人民法院。2017 年 6 月 26 日，北京市第一中级人民法院作出“驳回上诉，维持一审判决”的终审判决。上诉人刘某负担（已交纳）二审案件受理费 50 元。

盘外招，难逃火眼金睛

上诉人邵阳市某混凝土搅拌站2008年11月28日成立，随后在邵阳市梅子井社区开设1个搅拌站，原审被告人张某雄为公司股东之一。该混凝土公司于2011年分别在洞口县、武冈市及邵阳市双清区开设3个分站。2011年10月，该混凝土公司的法人代表变更为张某雄，由张某雄对下属4个搅拌站进行管理。

该公司成立后，为使单位收益最大化，经公司股东商量决定，采取设置两套账、隐藏销售收入的方式逃税，即分列公司账户及私人账户，将需要开具税务发票的收入存入公司账户并正常纳税，将不开具税务发票的收入存入私人账户并单列账簿。

2011 年，原邵阳市国家税务局第一稽查局在日常税务稽查中发现该混凝土公司有逃税行为，对该公司作出《税务行政处罚决定书》（邵国一稽税罚〔2011〕第 7 号），该混凝土公司据此缴纳行政罚款 16,565.66 元。

2012 年，原邵阳市国家税务局第一稽查局在日常税务稽查中发现该混凝土公司有逃税行为，对该公司作出《税务行政处罚决定书》（邵国一稽税罚〔2012〕第 19 号），该公司据此缴纳行政罚款 165,730.59 元。在该公司接受这两次行政处罚后，张某雄仍要求公司财务人员依照上述方式继续逃税。

原邵阳市国家税务局稽查局于 2014 年 3—10 月对该公司纳税情况进行全面检查，发现该公司在接受两次行政处罚后仍继续逃税，即 2012 年 6—8 月仍偷逃增值税 137,707.56 元。在剔除《税务行政处罚决定书》（邵国一稽税罚〔2011〕第 7 号）及《税务行政处罚决定书》（邵国一稽税罚〔2012〕第 19 号）认定的逃税事实后，该公司在2009年11月1日至2012年8月31日期间共计偷逃增值税4,573,905.88元。该局遂于2014年11月作出《税务行政处罚决定书》(邵国税稽罚〔2014〕第1号),对该混凝土公司处以罚款4,573,905.88元的行政处罚。该公司不服该行政处罚决定并申请行政复议,原湖南省国家税务局于2015年2月28日经复议后予以维持。

湖南省邵阳市双清区人民法院一审认为,上诉人为了企业获取非法利益,违反税收法规,采取欺骗、隐瞒手段进行虚假纳税申报或不申报,逃避缴纳税款4,573,905.88元,数额巨大,占同期应纳税额的百分之三十以上,且在五年内因逃避缴纳税款被税务机关给予二次以上行政处罚;原审被告人张某雄担任公司的法定代理人期间,明知公司逃税被税务机关给予两次行政处罚后,仍然要求单位财务人员采取设置两套账,隐瞒、少申报销售收入方式逃避缴纳税款,是该公司逃税犯罪直接负责的主管人员,其行为均已构成逃税罪。

上诉人的诉讼代表人邓某上诉及其辩护人肖某辩护提出“认定其构成逃税罪证据不足”，经查，一审法院认定该公司在剔除2011年及2012年已被行政处罚事实外，共偷逃增值税4,573,905.88元的事实，有邵阳市国家税务局作出的3份《税务行政处罚决定书》及湖南省国家税务局作出的1份《税务行政复议决定书》，邵阳市国家税务局出具的《电子账册》《证明》《邵阳市××混凝土搅拌站增值税税款计算表》予以证明，且与证人张某萍、蒋某焱、刘某丽、袁某波等人的证言及原审被告人张某雄的供述相互印证，足以认定。

一审法院对该公司以逃税罪判决处以罚金，属于刑法处罚范畴，依照刑法对单位犯逃税罪的规定，应当判处罚金。

综上所述，对该混凝土公司作出的刑事处罚并未违反一事不二罚原则，且一审判决对该公司判处罚金的数额并无不当。故对上诉人的上诉理由及其辩护人的辩护意见均不予以采纳。原判认定事实清楚，定性准确，适用法律正确，量刑适当，且审判程序合法。据此，依照《中华人民共和国刑事诉讼法》第二百二十五条第一款（一）项之规定，裁定如下：

驳回上诉，全案维持原判。

上市公司，冻你没商量

2018 年 9 月 28 日，黑龙江某农业股份有限公司发布公告称，公司于 2018 年 9 月 20 日收到哈尔滨市香坊区税务局下达的《税务事项通知书》。哈尔滨市香坊区税务局要求该公司补缴 2016 年、2017 年两年的企业所得税及滞纳金约 3 亿元。

具体来说，依据《中华人民共和国企业所得税法》第二十七条、《中华人民共和国企业所得税法实施条例》第八十六条规定的企业所得税优惠政策及《国家税务总局关于黑龙江垦区国有农场土地承包费缴纳所得税问题的批复》（国税函〔2009〕779 号）和《中华人民共和国税收征收管理法》等规定，哈尔滨市香坊区税务局要求该公司在收到通知书3日内，补缴2016年企业所得税117,521,980.38元、滞纳金27,500,143.41元；补缴2017年企业所得税142,599,024.67元、滞纳金18,395,274.10元。

该农业股份有限公司于9月28日收到哈尔滨市香坊区税务局下达的《税收保全措施决定书》（哈香税保冻〔2018〕10001号），香坊区税务局决定从2018年9月28日起冻结该公司在中国建设银行股份有限公司农垦分行营业室的存款9亿元，要求公司于2018年9月28日前缴纳应纳税款；逾期未缴的，将依照《中华人民共和国税收征收管理法》第四十条规定采取强制执行措施。

发票不是你想买就能买

2015 年 1 月，浙江省桐乡市××有限公司在与嘉兴某建材有限公司、嘉兴某贸易有限公司无真实业务往来的情况下，为冲销原料采购成本，由张某通过中间商购买了上述两家公司开具的浙江省增值税普通发票 91 份，价税合计 10,179,190.50 元，用于本公司原料采购成本账。

2017 年 2 月 13 日，浙江省桐乡市人民法院有经当庭举证、质证的证人徐某、林某等人证言及营业执照、税务登记证、浙江增值税普通发票复印件、刑事判决书等证据证实，张某违反国家发票管理规定，让他人为本公司虚开增值税普通发票，价税合计 1,000 余万元，情节特别严重，其行为均已构成虚开发票罪。考虑桐乡市××有限公司、张某归案后均能如实供述犯罪事实，予以从轻处罚。据此，本院为维护社会主义市场经济秩序，保护国家税收发票管理制度，依照《中华人民共和国刑法》第二百零五条之一，第六十七条第三款，第七十二条第一款、第三款之规定，判决如下：

一、被告单位桐乡市××有限公司犯虚开发票罪，判处罚金十万元（已缴纳）。

二、被告人张某犯虚开发票罪，判处有期徒刑三年，缓刑四年，并处罚金八万元（已缴纳）。

你好我好，还要税好

2007 年 1 月，A公司与B公司、C公司共同出资 3,100 万元设立D公司，出资比例分别为 55%、25% 和 20%。同年 2 月，D公司与池州市国土资源局签订国有土地使用权出让合同，取得南馨园二期地块国有土地使用权。

2007 年 11 月 6 日，A公司、B公司、C公司与E公司、F公司签订《股权转让协议》及《股权转让补充协议》，约定于 2008 年 1 月 31 日前交付位于南馨园二期地块的土地使用权证，2008 年 2 月在工商部门完成股权转让备案登记，包干使用土地动迁费用总额为人民币 1.6 亿元（包含《股权转让协议》应支付的股权转让价款、转让方为D公司为取得南馨园二期项目地块而向池州市国土资源局及相关部门垫付的土地款、契税等费用以及转让方此次转让股权而应获取的收益)。

就上述转让收益分配，A公司又与B公司、C公司签订《收益分配协议书》，约定B公司享有投资收益1,188万元，C公司享有投资收益1,400万元，剩余投资收益归A公司享有。

原池州国税稽查局在对A公司税务稽查中，查明D公司与A公司往来账目中注明:“A公司总价款16,000,0000元，已付121,940,768元，代付33,031,062元，还剩5,028,169元。”另注明“D公司土地总价款84,368,257.50元，土地契税3,374,730.30元。对A公司其他应收款账面余额32,627,239.53元”。A公司对D公司前期投入成本1,561万元。A公司法定代表人在税务稽查中亦承认，转让总价款1.6亿元，不含三方原投资股本3,100万元。

C公司出具书面情况说明，在该转让中已收回投资成本620万元，另于2010年止累计取得股权转让收益1,400万元。

E公司、D公司出具情况说明，其账面A公司欠款

2,070 万元不需归还，抵付A公司等三方原投资款。

2012 年 11 月 8 日，原池州国税稽查局作出池国税稽处〔2012〕6 号税务处理决定，认定A公司获得股权转让收益额为 30,767,012.20 元（1.6 亿元减去上交市财政的土地转让款 84,368,257.50 元、契税 3,374,730.30 元，A公司为D公司垫付的前期开发费用 1,561 万元，依收益分配协议书约定支付B公司投资收益 1,188 万元、C公司投资收益 1,400 万元），应计入 2008 年应纳税所得额，应补缴企业所得税计 7,691,753.05 元。

2013 年 1 月 9 日，原池州国税稽查局作出池国税稽罚〔2013〕1 号税务行政处罚决定，其中第一项对A公司少缴税款 7,691,753.05 元行为认定为偷税，决定处以一倍即 7,691,753.05 元罚款。

借钱有风险，付息需谨慎

2007年，南京某房产置业有限公司与自然人张某签订借款协议（年利30%），2007年至2008年共收到张某借来的本金2,785万元；2007年至2012年2月26日，陆续向张某支付本息共计51,491,336.60元，其中本金27,850,000.00元，利息23,641,336.60元。

该房产置业有限公司在支付利息时无法判断具体的利息支付金额，但根据南京市鼓楼区人民法院2009年6月10日签发的《南京市鼓楼区人民法院民事调解书》（〔2009〕鼓民二初定第523、957号）明确的经原、被告双方确认的，截至2009年6月30日，共欠张某借款本金2,135万元，利息1,465万元。同时根据2012年1月4日签发的《南京市鼓楼区人民法院民事裁定书》（〔2009〕鼓执字第1153-3号），明确该房产置业有限公司已履行借款合同纠纷。因此自2009年6月10日至2012年1月4日期间，该房产置业有限公司已支付了张某个人借款本金2,135万元以及利息1,465万元，未按规定代扣代缴“利息、股息、红利”个人所得税293万元整。

原江苏省南京地方税务局稽查局根据《中华人民共和国税收征收管理法》第六十九条之规定，决定对企业未履行代扣代缴张某个人利息个人所得税293万元整的行为，处应扣未扣税款1.5倍罚款计439.50万元。

变卖房产为哪般，只为“黑榜”除名

厦门某服装有限公司成立于2000年9月，性质为私营有限责任公司，经营范围为生产、加工、销售服装鞋帽和服装饰品等。

原厦门市国税局稽查局接到了该公司涉嫌隐瞒销售收入偷税的举报信息，而后在相关部门和企业的配合下，从第三方调取了该企业电商平台的销售数据，以及用于结算收入的银行账户资金流转清单。结合企业办公电脑中提取的经营数据，检查人员对企业商品发货单、销售清单和账簿资料进行了仔细分析和筛查，最终确认该企业与300多家个体加盟商的产品销售收入以及电商平台销售货物收入均未开具发票并申报纳税。

经查，该企业于2012年至2014年期间，共隐瞒销售收入4,000余万元。原厦门市国税局稽查局依法对该公司作出补缴税款720万元，并处罚款360万元的处理决定。

但是，在规定限期内，该服装公司并未及时补缴税款。

2016年8月，原厦门市国税局稽查局依法对该企业下达处罚决定书，要求企业在当月23日前，将所欠税款及罚款缴纳入库，并告知企业若不执行税务机关处理决定，将被列入税收违法“黑名单”，并受到20多个部门联合惩戒，今后企业经营将面临“处处受阻”的局面。

迫于压力，该服装公司变卖了其位于厦门市区的一套商品房，向税务机关缴纳了所欠税款720万元及罚款40万元，但仍有滞纳金及罚款共计392万元未缴清。

2017年1月27日，原厦门市国税局稽查局依法将该案件录入重大税收违法案件系统，将该企业列入税收违法“黑名单”，并在外部网站上向社会公布。该企业纳税信用等级也被直接降为D级。

该企业信息纳入“黑名单”并对外公布后，为督促企业缴清滞纳金和罚款，原厦门市国税局稽查局除按规定采取税收强制执行措施外，还将该企业重大税收违法信息推送给了金融机构、市发改局、市场监管局、旅游局和工商局、海关等联合惩戒成员单位，以便各单位对其实行联合惩戒。同时，税务人员对该企业加大监管和日常申报审核力度，并加强了纳税评估和税收检查工作。

在得知已被纳入税收违法“黑名单”后，该服装公司负责人向税务人员表示，将尽快筹借资金缴纳剩余滞纳金和罚款，并向原厦门市国税局稽查局提交了分期还款计划承诺书。

别人撒盐伤不到，除非身上有溃烂

2017 年 11 月 14 日，某期货公司公告称，公司于昨日收到绍兴市地方税务局稽查局出具的《税务处理决定书》及《税务行政处罚决定书》。

2017 年 8 月 30 日至 2017 年 10 月 13 日，原绍兴税务局稽查局对该公司 2014 年 1 月 1 日至 2016 年 12 月 31 日期间涉税情况进行了检查，发现该公司 2014 年至 2016 年少计应纳税所得额 130.66 万元。

根据《中华人民共和国企业所得税法》及《中华人民共和国企业所得税暂行条例》的相关规定，该期货公司应补缴企业所得税 32.67 万元。同时原绍兴税务局稽查局还对公司采取少缴税款 70% 的罚款即 22.87 万元。

该期货公司表示，公司已于10月13日补缴上述税款，同时本次行政处罚的罚款公司也已按要求全部缴清。公司将进一步加强财务部及相关部门人员对财务、税务法律法规的培训学习，强化责任意识，加强财务内控制度的落实，杜绝类似行为的再次发生，切实维护公司和股东的利益。

想法很丰满，现实太骨感

浙江某实业有限公司成立于2006年8月31日，法定代表人为徐某，因未在规定的期限内参加2011年度年检，于2012年12月10日被吊销营业执照。

2016年12月19日，该实业公司成立清算组，徐某任负责人。2016年7月28日，原龙游县地方税务局稽查局对该实业公司作出《税务处理决定书》（龙地税稽处〔2016〕11号），决定追缴营业税、城市维护建设税、印花税、房产税及滞纳金等共计1,180,239.91元。

该实业公司不服，向原龙游县地方税务局申请复议。2016年12月1日，原龙游县地方税务局作出《行政复议决定书》（龙地税复决〔2016〕1号），认为原龙游县地方税务局稽查局作出的《税务处理决定书》（龙地税稽处〔2016〕11号）认定事实清楚，适用法律正确，程序合法，决定予以维持。2016年12月5日，该实业公司签收该复议决定书。

2016年12月22日，该实业公司向龙游县人民法院邮寄起诉状。龙游县人民法院认为，该实业公司作为依法登记、独立核算的纳税人，虽因未参加2011年年检，于2012年12月10日被吊销，但其并未被注销，结合《最高人民法院关于企业法人营业执照被吊销后，其民事诉讼地位如何确定的复函》（法经〔2000〕24号函）"关于吊销企业法人营业执照，是工商行政管理机关依据国家工商行政法规对违法的企业法人作出的一种行政处罚。企业法人被吊销营业执照后，应当依法进行清算，清算程序结束并办理工商注销登记后，该企业法人才归于消灭。因此，企业法人被吊销营业执照后至被注销登记前，该企业法人仍应视为存续，可以自己的名义进行诉讼活动"的规定，原龙游县地方税务局稽查局认为其少缴税款，以其为处理对象进行行政处理，并无不当。

你今天所犯的错，明天逃不掉买单

苏州工业园区某水电分公司主营水电设备安装。该水电分公司系经税务登记机关登记的独立核算单位，是企业所得税的纳税义务主体。

2014年7月至8月，园区检察院在办理犯罪嫌疑人张某等涉嫌滥用职权一案中，发现相关犯罪嫌疑人滥用职权、非法获取增值税普通发票后虚假开具予原告使用（共计118张，票面金额人民币6,846,062元），即将该案件线索函告园区地税局，并附具了相关发票、财务凭证、询问笔录等材料。

园区地税局接函后于2014年8月1日对该水电分公司立案检查，向其送达了税务检查通知书，并对其企业负责人陈某、财务负责人陆某进行了调查并制作了询问笔录。

经核实确认，2008年1月1日至2011年12月31日期间，该水电分公司通过支付手续费的方式向犯罪嫌疑人张某购买了其以合作个体工商户名义虚假开具的增值税普通发票共计118张，票面金额人民币6,846,062元，并在相应年度进行了税前列支，造成少缴企业所得税1,711,515.50元，具体情形如下：2008年度购买发票2份列支成本，合计票面金额106,200元，少缴企业所得税税款26,550元（按25%的企业所得税税率计算，下同）；2009年度购买发票76份列支成本，合计票面金额4,485,352元，少缴企业所得税税款1,121,338元；2010年度购买发票34份列支成本，合计票面金额1,996,110元，少缴企业所得税税款499,027.50元；2011年度购买发票6份列支成本，合计票面金额258,400元，少缴企业所得税税款64,600元。

依据《中华人民共和国税收征管法》第六十三条第一款的规定，园区地税局认为该水电分公司少缴企业所得税的行为构成偷税，于2014年8月12日对该公司作出《税务行政处罚事项告知书》（苏园地税罚告〔2014〕5号），告知该公司拟作出的处罚决定依据、内容及其享有的陈述、申辩、申请听证的权利。

经听取该水电分公司陈述申辩意见，在调查核实基础上，园区地税局于2014年9月17日对该公司作出苏园地税罚〔2014〕5号税务处罚决定，对其处少缴的企业所得税税款（1,711,515.50元）50%的罚款共计人民币855,757.75元。

你若有心，我也用心

重庆E矿山建设工程公司注册资本2,000万元，主要从事矿山工程承包和施工业务，企业位于重庆市江北区，但其主要业务开展地区均在山东、河南、贵州等外省市。原重庆市地税局第二稽查局检查人员分析企业近几年涉税数据指标时发现，2013年至2014年该企业经营收入为9,000多万元，但其经营利润率却不到1%，与同行业平均利润水平差距较大。

检查人员到该公司实地调阅企业账目时，发现其有一笔采购业务十分蹊跷：公司当年从重庆F物资公司购进了大量钢筋、电灯泡、电雷管等矿山工程施工材料共计770万元，并从F物资公司取得了12张增值税普通发票入账。

但检查人员随后对该笔材料的成本结转情况进行检查时，发现此笔材料的采购费用当年已在该公司位于山东的某铁矿工程项目中全额进行了摊销。通过增值税防伪税控系统对发票信息逐笔查询比对，证实F物资公司的开票信息与增值税防伪税控系统相符，E公司账目中的12张发票信息与增值税防伪税控系统信息不符，发票为假票。

面对检查人员拿出的确凿证据，E公司负责人最终承认，企业未从F物资公司采购材料，为增加工程成本，少缴税款，该企业工程项目经理从发票贩子手中购买12张材料采购发票，并将其全部在山东某铁矿工程项目中进行了税前摊销。

针对企业的违法事实，原重庆市地税局第二稽查局依法对E公司作出追征企业所得税181万元、加收滞纳金40余万元、罚款91万元的处理决定。

金玉其外，败絮其中

深圳市D金属制品公司主要从事金属制品、塑胶制品的生产和销售。

2017年，原深圳市地税局第五稽查局稽查人员在检查该公司纳税情况时发现账目存在以下问题：

一、企业房产价值应为2,242万元，但其账面上将部分应计入房产原值的项目计入了“其他递延支出”科目，合计金额为501万元。

二、企业将已完工投入使用的房产一直挂账在“在建工程”科目，未按规定结转固定资产金额达1,127万元。

此外，该企业另有土地价值718万元未计入房产税计税基础。

经核查，该公司2017年度虽已申报缴纳房产税41万元，但其因存在以上问题，未如实申报房产税计税依据而少缴纳房产税36万元。

针对上述违法事实，原深圳市地税局第五稽查局依法对企业作出补缴房产税、加收滞纳金和罚款54.5万元的处理决定。

看别人的故事，流自己的眼泪

2013 年下半年，财政部驻浙江省财政监察专员办事处对浙江某科工贸股份有限公司 2012 年度会计信息质量进行了检查。专员办于近日向公司送达了《关于公司 2012 年会计信息质量的检查结论和处理决定》(财驻浙监〔2013〕158 号)。

处理决定如下：

一、对视同销售业务少缴税收和会计核算不规范涉及税收的问题，要求该公司根据《中华人民共和国税收征管法》等相关法律法规的规定，向主管税务机关补缴税款。

二、对会计核算和费用支出管理方面不够规范的问题，要求该公司根据《企业会计准则》等相关规定调整账务，认真整改，进一步重视和加强基础管理工作。

三、对个别事项信息披露不够充分的问题，要求该公司补充披露相关信息。

经核定，该公司需补缴税金及滞纳金552.72万元，该公司已向主管税务机关补缴税款及滞纳金。存在渠道退货多计营业收入642.19万元、营业成本227.02万元，多计提职工薪酬722.50万元，以及部分费用核算、支出管理不够规范的现象。

这并非该公司首次栽在税收问题上，该公司曾被曝2008年至2010年期间，顶着“伪高新”享受三年税收优惠，存在近6,000万元税款被追缴的可能。随后该公司发布公告承认，鉴于公司认定前三年研发费用归集不合理，经省高新技术企业认定管理领导小组研究决定，公司不具备高新技术企业资格，并补缴税款2,785万元。

不作死就不会死

原厦门市地方税务局稽查局接到对一房地产企业偷逃税举报后，立即组织稽查人员开展调查。

稽查人员在对该公司项目A的开发成本审核中，发现其发生了两项配电工程。该公司首先向M配电工程公司支付配电设备4,000多万元并取得发票；随后该公司又取得一张由N建筑工程公司开出的1,000多万元的发票，发票上体现的也是购买高低压配电款。

但N建筑工程公司已经停业，其账户上却有一笔资金支出。原来，该建筑工程公司并没有真的收取这笔1,000多万元的款项，而是扣了一笔“好处费”后将款项返还给该房地产开发公司。这个配电工程项目的真实施工方正是

M配电工程公司。

稽查人员还发现，该房地产开发公司开发的B项目系某商住楼，建筑面积上千平方米，账面上体现平均单位施工成本超过2,000元/平方米，经对比，该项目的单位造价比参考指标高出17%。

稽查人员调查发现，该房地产开发公司曾向厦门某装潢公司支付了一笔巨额装修款合计2,000多万元，这笔装修款的支付时间却是在商住楼开始营业的半年后，且商住楼的业主也证实物业移交时地面为毛坯，仅公共部分带石材或地砖。

“聪明反被聪明误”，该公司虚列的3,000多万元最终被剔除出成本，连同其他项目的涉税问题被查补缴税费合计7,000余万元，加上滞纳金与罚款，总计需补缴8,000多万元。

打CALL了，别忘了申报

开张不久的服装店A，因其产品独到的设计和平民的价格而广受大家青睐，生意异常火爆。

某天，收银员小王正准备给顾客开发票时，发票结存不多，于是通过电子税务局在线申领发票，却被告知其被停供发票。

怎么回事儿呢？

原来，服装店A上季度因未按期申报纳税收到了由税务机关送达的责令限期改正通知书，但由于生意繁忙、人手紧俏，竟把此事给忘了，税务机关遂对其进行了停供发票。

忘记申报且未在规定时间内改正，发票即会被停供。

服装店A未按期申报且拒不接受税务机关处理，违反了《中华人民共和国税收征收管理法》（以下简称《征管法》）第六十二条的规定，纳税人未按照规定的期限办理纳税申报和报送纳税资料的，或者扣缴义务人未按照规定的期限向税务机关报送代扣代缴、代收代缴税款报告表和有关资料的，税务机关按照《征管法》第七十二条规定，依法对其停供发票。

我的天啊，吓死宝宝了

2016年9月9日，上海A科技股份有限公司控股子公司上海B药业有限公司收到原上海市国家税务局第一稽查局发出的《税务行政处罚事项告知书》（沪国税一稽罚告〔2016〕10005号）和原上海市地方税务局第一稽查局发出的《税务行政处罚事项告知书》（沪地税一稽罚告〔2016〕10021号）。

2012年7月至2014年11月期间，B公司收受C公司虚开的增值税专用发票1408份，货物品名为日本产谷胱甘肽原料，数量45,500公斤，金额814,478 633.04元，税额138,461,366.96元。

2009年至2012年期间，收受D企业管理咨询事务所等10家公司虚开的普通发票共计505份，金额68,536,205.39元。

2012年至2015年期间，B公司收受D企业管理咨询事务所等7家公司虚开的增值税发票共计468份，金额37,052,336.12元，税额2,223,141.03元。

根据相关法律规定，拟处B公司应补缴的增值税、城市维护建设税税款1倍的罚款，共计147,718,733.39元，其中增值税罚款140,684,507.99元，城市维护建设税罚款7,034,225.40元。对公司应补缴的企业所得税处1倍的罚款，共计118,772,115.13元。两项罚款合计2.66亿元。

身边的阴阳合同，也是醉了

几年前，赵某委托A房地产中介公司帮其将一处别墅以2,300万元的价格出售并代办缴税事宜，并约定本次成交出售方所有税费及佣金不超过100万元。

随后，A公司工作人员持委托书、成交价为700万元的房地产买卖合同等虚假材料进行纳税申报，实际缴纳税款仅1万余元。

期间，赵某分三次给予A公司工作人员杨某等人75万元“好处费”。

后来，当地税务机关从该房屋的明显低价交易入手，查实了赵某的偷税行为，并对其补征营业税、个人所得税等170余万元，加收滞纳金57万余元，处以罚款82万余元。

另外，A公司的杨某因犯非国家工作人员受贿罪和行贿罪，也已受到了刑事处罚，被判处有期徒刑八年。

赵某在补缴罚款后，对A公司提起诉讼，要求A公司承担超出100万元的那部分税款，并赔偿经济损失，共计近300万元。

上海一审法院判令A公司向赵某赔偿50%的损失计70万余元。双方均不服判决而提起上诉。

上海二审法院就双方的两个争议焦点作出认定：

1. 赵某与A公司形成偷税合意，赵某是在明知实际税费远超100万元的情况下，仍与对方恶意串通损害国家利益，因此双方相应的约定无效。

2. A公司经办人员杨某等人的行为应属职务行为，作为雇主的A公司应就其员工的违法行为承担责任。

本案损失的范围应以税务机关对赵某处以的罚款及滞纳金（140余万元）为限（即170余万元税款系依法原本就应缴纳的，不认定为损失）。同时认定，A公司作为专业的居间服务机构应相对承担更大比例的责任。

私户，不是你的避风港

2017年8月4日，北京B电子股份有限公司在全国中小企业股份转让系统发布《关于收到行政处罚决定书的公告》，载明原通州国税稽查局对公司实际控制人、法定代表人李某在工商银行和兴业银行开立的个人账户进行检查。

检查发现，以上两个账户均是用于收取客户汇入的购货款，收取金额共计4,197,447.08元（不含税金额为3,587,561.61元），其中：1,368,229.53元已经在2013年至2014年期间确认了收入纳税申报，剩余2,219,332.08元应在2013年度应申报而未申报，应追缴增值税税款共计377,286.46元。

公司2013年度应申报而未申报收入2,219,332.08元，确认成本1,813,269.08元，应调增当年应纳税所得额406,063元，应追缴2013年度企业所得税101,515.75元。

原通州国税稽查局根据《中华人民共和国税收征收管理法》第六十三条规定，决定对公司少缴增值税377,286.46元、企业所得税101,515.75元分别处以0.5倍的罚款，金额合计239,401.11元。

一个个案例，触目惊心。看完最后几个案例，刘东强怔怔地发呆了好久，案例中的情景走马灯似地在眼前掠过，一幕幕，像放电影一样。这么多老板都曾经被各种财税问题困扰过，他们都明白法律面前人人平等，然而还是抱着“法不责众”的侥幸心态铤而走险，结局可想而知，正是应了那一句，“正义可能会迟到，但绝不会缺席”。想到这里刘东强内心又释然了很多，只要是用了不合规的手段，都逃不出法网的严惩。

倘若自己早几年就参加金财的课程培训，学会现代公司运营及税务筹划，估计也不会产生资金链断裂的风险，更不会事业搁浅。

倘若自己当年早点懂得财政法规，也不会蠢到虚开发票来缓解资金压力。唉！往事不堪回首啊……

想到这里，刘东强肠子都悔青了。十年牢狱中的他，更多的是抱怨自己一时大意，被奸人所害，从来没有想到主要的原因在自己身上。

遵纪守法是经营企业的基础，学习财税法规更是健康经营企业的前提！而参加培训正是掌握财税法规的捷径，可以使企业在经营过程中少走弯路，也是老板成长的必经之路。刘东强此刻内心感慨万千：“金财控股的培训课程，真是每一家民营企业老板一生必修的课程。”

我能为你做点什么

老板的5个高频问题

1. 企业想做股权激励，年终给高管分钱、分利润，用内账报表还是外账报表？如果用内账，高管立即获得举报老板的把柄。如果用外账，数据不全是真的。

要想股权激励，先要财税规范。

2. 老板想学稻盛和夫的经营理念，想要阿米巴经营、量化分权、独立核算……但是财务是混乱的，账也是糊涂的，如何阿米巴经营？

要想阿米巴经营，先要财税规范。

3. 老板想做绩效考核，启动绩效管理。考核指标来自财务数据，但财务数据是一笔糊涂账，该如何做考核？

以销售人员考核指标为例：销售额、毛利率、回款率、费用率、新产品销售占比、客户满意度。

要想绩效考核，先要财税体系规范。

4.公司想上市或被并购，走向资本市场的最大障碍是什么？账务混乱与偷税问题。

要想上市或并购，先要规范财税体系。

5.老板想传承，少帅要接班，是传承一个风险公司，还是传承一个财税体系规范的公司？

少帅的想法：工作时间“955”、双休、公私分明。一边钓鱼，一边打高尔夫，还要把公司做得比之前大两倍。

要想科学管理，系统授权，先要规范财税体系。

民企老板关心什么

老板不懂财务或者只重视业务而忽视财务，导致企业在财务领域出现损失，比如运营低效、利润率降低、投资回报率减少、风险增加、资金紧张、投融资困难……这些问题都是企业经常遇到的并令老板感到苦恼的。

财务管理的三大主题：增加利润、降低风险、增加现金流，这些都是老板关心的。但是问题如何解决呢？老板在经营管理过程中应该有一套怎样的思维体系？从哪找一套解决问题的系统工具？谁能帮老板做财务流程和体系的构建与执行？

总的来说，要实现上述三大目标，老板需要三个“一”：

一套完善的财务系统、一名优秀的财务总监、一支胜任的财务军团。

我们要做什么

专注于财务管理实践，致力于财务技术的应用与开发，因为“爱财务、爱生活”的理念，我们一群从事财务工作的热心人士，在 2005 年创办了“中国财务技术网”。

财务技术网创立的前三年时间内，一直在做沙龙活动、高端财务课程研发等工作。数百场沙龙与课程研发的讨论，几十位财务高手的共同参与，研发了 60 多个财务课程专题。

2012 年，我们重新成立了“金财咨询”，并在原来的基础上，总结形成了后来带来数亿元销售收入的“企业财务系统”。

2009 年至 2019 年间，累计培训了 10 多万位老板、高管和财务人员。在这些培训过程中，也进一步升级了民企财务管理的课程体系。财务体系构建是民企成长中的必经之路。构建基于企业经营、管理需求的“大财务”，而不是建立应付税务局的“小财务”或“糊涂账”。

在帮助企业建立财务系统的过程中，我们发现企业老板普遍缺乏财务基础。老板懂财务是企业建立财务系统的基石，老板喜欢财务、有财务思维、擅长运用财务工具、知道向财务人员提要求、习惯数据化决策，是决定企业财务系统构建顺利的关键因素。

财务人员的胜任能力，决定企业的财务系统能否得到强有力的落地和执行。财务人员的专业技术、综合素养、职业经理的能力都至关重要，为企业打造一支“来之能战、战之能胜”的财务铁军，是5000多位历练过“财务军团”训练营的财务人员所共同奋斗的目标。

“苗好，土壤也要好！”企业的高管环境决定财务与业务的一体化程度，高管有财商，能用财务的思维去思考业务，打通财务与业务的壁垒，用财务数据指导业务运营的方向，财务系统方能得以真正落地和通畅运行。

基于以上逻辑，我们设计了一个企业财务升级金字塔模型。如下图所示。

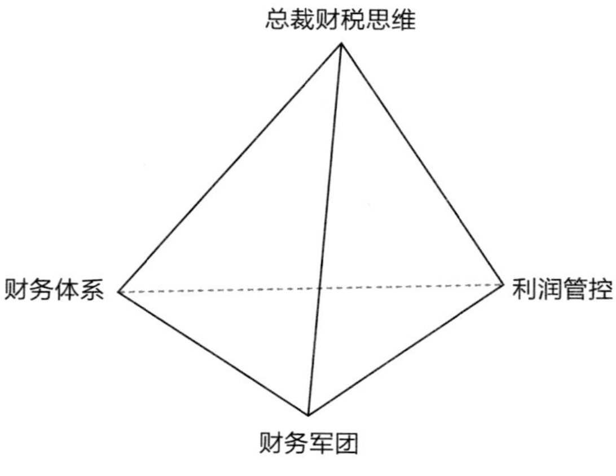

企业财务升级金字塔模型

我们能做什么

近20年来，我一直从事财务工作，包括财务分析、ERP信息化咨询、审计、IPO上市、财务治理等。这一路走来，特别是创办财务技术网、金财咨询以后，我始终坚持团队制胜的运作方式，建立了我们的课程体系、咨询体系和人才体系。

1. 财务升级之课程体系

一个懂财务的老板。“老板利润管控”课程主要起到财务的启蒙与普及作用，是一堂通俗易懂的老板财务学习项目。涉及内容包括：股权、税务筹划、利润提升、财务规范等。客户收获有：轻松看懂报表、实现利润增长、打通财务与业务壁垒等。

一套完善的财务体系。“财务体系”，一个专门帮助企业建立完善财务管理体系的咨询式课程。“老板+财务人员+财税咨询师+电脑+方案工具”，全面为企业梳理、建立财务五大系统和方案：财务战略与支撑系统、账系统、税系统、钱系统、财务管控系统。

一支强大的财务军团。“财务军团”是专门帮助老板训练其财务部门全体人员胜任能力的课程，结合了数百家企业的财务咨询经验，总结了300多条财务人员应该会却不会的技术绝招，提升财务技术、效率、忠诚度，重塑财务角色与使命，使其成为一名优秀的财务人员或一支强大的财务团队。

一个有大财商的高管团队。“总裁财税思维”是专门训练各部门经理、高管财商的课程。从财务运营的角度，提升利润率、加快周转率、管控财务风险。课程内容包括营销财务、采购财务、生产财务、研发财务、人力财务、运营财务、总经理财务等。业务人员懂财务，企业财务流程、数据化体系将产生巨大效能裂变。

2.财务升级之咨询体系

财务系统建设咨询，包括股权架构设计咨询、账钱税系统咨询、预算系统咨询、内控系统咨询、ERP信息化咨询、税收筹划咨询、并购重组与IPO上市辅导咨询等。

财务强则企业强，企业强则中国强。“金财”是我们的道场，财务是我们的手段，课程与咨询是我们“敬天爱人”和“普度众生”的媒介，我们已经做好了准备——用财务为客户创造价值。不敢言大，但求专精，将毕生精力投入企业大财务管理升级之中，这是我们可以做到的。

财务创造美好生活，爱财务，爱生活！

学员联名推荐

张金宝老师讲授的财务系列课程，通俗易懂，趣味生动，针对民营企业财务管理实践，落地性强。课程中的许多方法、技术和工具，对我们企业产生了实实在在的收益。其中大部分公司达到了利润提升20%以上（部分企业利润增长至400%以上）、财务税务风险大幅降低、现金流明显增加的效果。同时也建立了自己企业的管理“驾驶舱”和内部管理报表体系，能够轻松阅读财务报表，打通财务与业务的壁垒，可以用财务来管理业务与经营，为企业从“小财务”到“大财务”升级提供了技术保障。

我们很高兴看到，张金宝老师将他的部分财税思维与工具著作成书，让更多的企业家受益，让他们在财务管控与财务体系建设方面走得更加稳健，实现企业经营利润持续增长。在此，我们向全国所有的民营企业家联名推荐此书！（以下排名不分先后）。

◇食品/餐饮

嘉兴隆聚餐饮集团有限公司 董事长 盛富林
湖南麦香缘食品有限公司 董事长 李国清
西安真之味食品有限公司 总经理 彭纪萌
北京乐食派餐饮管理有限公司 副总经理 杨传华
珠海美钰食品有限公司 总经理 项大为
成都蜀大侠餐饮管理有限公司 董事长 王定军
湖北爱尚餐饮投资管理有限公司 总经理 刘 冲
湖州昭力食品贸易有限公司 总经理 程 鹏

◇服装/纺织/服饰

浙江圣地欧服饰有限公司 总经理 范小芬
苏州汉塔纺织 总经理 陈玉林
昆山珍宝纺织品有限公司 总经理 马 强
西安迅利服饰有限公司 总经理 谢 岩
杭州辉业服饰有限公司 董事长 柴发宝
广州市碧洲服装织造有限公司 总经理 苏 航
北京异族服饰有限公司 董事长 谭小青

◇零售/贸易/服务

宁波格瑞弗国际贸易有限公司 总经理 程 洪
湖南飞鱼健康产业管理有限公司 总经理 刘志会
郑州德仁财税有限公司 总经理 宋晓亚
北京宏阳万通投资管理有限公司 董事长 王小循
西安西隆电气有限责任公司 董事长 樊石生
厦门鑫绿岛保洁服务有限公司 总经理 李云霞
北京众品众知餐饮管理有限公司 董事长 于 静

辽宁天一税务师事务所有限公司 董事长 董 莉
合肥瑞昊美容培训管理咨询有限公司 董事长 边立军
深圳深之旅国际旅行社有限公司安华分公司 总经理 林明珠
北京世标认证中心有限公司成都分公司 总经理 刘力夫
肇庆四会市安家置业咨询服务 董事长 张雪琼
广州市万子酒店管理有限公司 总经理 陈钜荣
鄂尔多斯市瑞林达商贸有限责任公司 财务总监 石晓峰
江西省宏源盛劳务有限公司 总经理股东 黎 芳
长春市四季青贸易有限公司 董事长 李 强
河南联合贸易有限公司 负责人 江 森
宁波市盈安国际贸易有限公司 总经理 应荣科
广州市恒隆小额贷款有限公司 合伙人 余旭炽
潜江市传诚商贸有限公司 董事长 姚 静
内蒙古华宜通电气安装有限公司 法人 王惠雍
河北陆源土地规划咨询有限公司 董事长 李开宏
广州美润达投资有限公司 董事长 吴嘉峰
湖南成功钢铁贸易有限公司 董事长 黎圣平
豪澤（香港）酒店管理有限公司 总经理 杨玲玲
苏州指南者服饰贸易有限公司 总经理 贺 东
洛阳人力人才服务有限公司 董事长 张 斌
◇教育/培训/文化/艺术
东营惠营美术培训学校有限公司 董事长 于惠丽
陕西林青装饰有限责任公司 副总经理 尉晓霞
北京中加大成国际广告有限公司 总经理 李伟霞
贵州天下山水文化旅游开发有限公司 董事长 夏金峣

衡阳湘南实验中学 董事长　许光程
江西省喜洋洋广告策划有限公司 董事长　熊　亮
湖北世纪华章文化传播有限公司 董事长　张　丹
大连馥铄文化传播有限公司 董事长　刘国雨
江西省爱尚它文化传媒限公司 董事长　彭武良
◇医药／医疗器械／保健
淄博张店众信（德仁）口腔医院 总经理　吕红梅
贵州东旭高新医疗科技有限公司 总经理　王玉平
广西凤岭盛世医学科技集团有限责任公司 财务总监　于春丽
烟台健翔医药咨询有限公司 总经理　赵良君
武隆福康医院 董事长　余　健
河北衡水永辉医疗器械有限公司 董事长　何　丽
新疆呼图壁县良生医药有限公司 总经理　魏兆军
江西昌鹤医药供应链管理有限公司 董事长　雷贵根
延吉市延世整形医院 法人　金海淑
延边医药有限公司 总经理　徐玉兰
岳阳天添药用胶囊 董事长　罗永清
昆明邦宇制药有限公司 董事长　王　冰
◇科技／计算机信息技术／通信／系统集成
秦皇岛优益重工科技有限公司 董事长　白晓明
天津市科达隆科技发展有限公司 董事长　刘海疆
北京寰宇电科科技有限公司 总经理　王建华
广州励宝新材料科技有限公司 总经理　冯志文
江苏海心力机电科技有限公司 总经理　张小丽
深圳鹰眼在线电子科技 总经理　丁晓华

中科星电科技(北京)有限公司 董事长 李远志
苏州康普来表面处理科技有限公司 董事长 周青松
西安拉维生物科技有限公司 总经理 田 钢
广州市安敬祥生物科技有限公司 法人 李海珠
吉林省永淳科技有限公司 董事长 腾利明
新疆万康农牧科技有限公司 董事长 王菊荣
佛山市南海帝彩粉体科技有限公司 董事长 辜继先
广州广源激光科技有限公司 董事长 刘继德
山东爱客多热能科技有限公司 总经理 窦俊玲
深圳市东方骏科有限公司 总经理 罗 文
广州市旷源化工科技有限公司 董事长 陈少坚
云南际高城建科技发展有限公司 董事长 冉利民
四川九合安全科技有限责任公司 总经理 符 伟
都江堰建业安防火门科技公司 董事长 刘启蓉
深圳市百视佳电子有限公司 总经理 陈运平
北京云知云物联网科技有限公司 董事长 路 明
深圳汇达发科技有限公司 总经理 郑丽雯
北京易申科技有限公司 董事长 朱 健
佛山市国亨家居科技有限公司 总经理 吴 彬
太原网讯同诚科技有限公司 董事长 李晓亮
观为监测技术无锡股份有限公司 董事长 马笑潇
湖北神州顺利办科技公司 总经理 李玉霞
山东乾宇建筑节能科技有限公司 董事长 李 刚
中山市焦点互居网络科技有限公司 董事长 刘靖华
苏州蚂蚁微账数据处理有限公司 总经理 谭华顺

潍坊开元电子科技有限公司 总经理　张立娟
◇建筑／建材／装饰／工程／机械
青岛嘉宝机电工程有限公司 董事长　臧永军
青岛朗威机械有限公司 总经理　王　磊
湖南长沙榔梨建筑工程有限公司 董事长　何新民
寻乌建筑工程有限公司 总经理　李志磷
岛方圆盛路桥工程有限公司 董事长　于水勇
承德易工工程机械销售有限公司 总经理兼财务负责人　侯玉萍
新乡市振新混凝土有限公司 董事长　郭平河
深圳市益嘉包装制品有限公司 董事长　熊明旭
山西洪天高温建材有限公司 董事长　温保嵩
广东世恒工程机械有限公司 董事长　宋发斌
广东宏昊化工有限公司 董事长　方伟洪
四川省佳驰水利水电工程有限公司 董事长　彭昌梅
甘肃中梁工程建设有限公司 总经理　吕锦珍
广西玉林达业机械配件有限公司 董事长　朱振海
大连松海石化检修工程有限公司 董事长　姜吉庭
吉林鼎成市政工程集团有限公司 董事长　马金成
云南国创建筑工程有限公司 法人　杨丽珍
山西晨达机械制造有限公司 董事长　张勇建
武汉万通盛世建设工程有限公司 总经理　秦　娟
株洲火炬工程有限责任公司 董事　胡　巍
武汉市飞鹏保温建材有限公司 总经理　王保娟
湖南金沃机械设备有限公司 董事长　李永扬

◇生产/加工/制造

辽宁安宇新能源有限公司 董事长 王永恒
东平九鑫生物化学有限公司 运营中心总经理 李淑红
江门市恒之光环保新材料有限公司 总经理 李毅全
东莞市袋袋实业有限公司 总经理 蓟东林
厦门晶欣电子有限公司 董事长 端志勤
南昌长城空调专业有限公司 总经理 程日启
长沙宏银机械设备有限公司 董事长 赵红哲
浙江隆泰减震器有限公司 总经理 刘亦斌
包头市裕盛厚物资有限公司 董事长 杨 瑞
北京九嘉化工设备技术开发有限公司 总经理 侯 隽
天津市建鑫伟业工贸有限公司 董事长 张世奎
扬州欧佩进出口有限公司 董事长 罗爱军
湘潭市电线电缆有限公司 董事长 刘志祥
武汉宇恒电子有限公司 总经理 李 辉
成都桂湖防水保温工程有限公司 董事长 孙军忠
南宁市兴塑工贸有限公司 董事长 宁杭均
广西宏泰水泥制品有限责任公司 总经理 王艳珍
长春市铸诚集团有限责任公司 董事长 张立民
上海凌忠实业有限公司 总经理 孙立忠
新乡天力锂能股份有限公司 董事长 王瑞庆
宜昌安顺达商品砼有限公司 董事长 彭远菊
四川简阳佳昊商品混凝土有限公司 副总经理 蔡颖宇
广州铭谦选矿设备有限公司 董事长 李春鸥
东莞郁金香美容用品有限公司 董事长 李红花

长春市福地道路混合材料有限公司 股东 庞卉暄
平江县威派云母绝缘材料有限公司 董事长 欧阳云
洛阳丹柯锌业有限公司 总经理 于 柯
浙江新航电气有限公司 总经理 程和冬
衢州三源汇能电子有限公司 董事长 胡文康
江油市星光眼镜有限责任公司 股东 陈玉蓉
台州浩赑工贸有限公司 总经理 彭斐斐
河北澜润丝网制品有限公司 总经理 谢贵福
福建省建瓯市万木林有限公司 副董事长 张艳艳
山东世纪星文体器材有限公司 总经理 张海生
四川省犍为宝马水泥有限责任公司 总经理 胡桂芹
喀什飞龙水泥有限公司 财务总监 李 丽
佛山市博昂化工原料有限公司 董事长 吴榕锋
常州市武进东方人防实业有限公司 董事长 江尚芸
锡林浩特市金建工贸有限公司 董事长 岳红岩
玉环县金龙欧浴洁具有限公司 董事长 潘招凤
湖南铭诚建设有限公司 董事长 汤军华
湖南凯源建设有限公司 董事长 项振华
河南远大锅炉有限公司 董事长 赵国强
山东瑞捷新材料有限公司 法人 张典华
深圳市金域东方实业有限公司 总经理 付光宇
新疆哪哒尔牧业有限公司 董事长 田建军
鹤山市新易高鞋业有限公司 总经理 黄志洪
长沙榔梨新城建设开发有限公司 董事长 何志勇
鞍山市天成功发展有限责任公司 法人 梅洪睿

◇家居/家具

天津圣象家居有限公司 董事长 李连节

运时通(中国)家具有限公司 董事长 黄喜贞

◇汽车/摩托车/交通运输

江苏润昌海运有限公司 总经理 洪英万

十堰鑫盛桥汽车贸易有限公司 董事长 万 磊

娄底市永华汽车销售服务有限公司 董事长 曹永华

十堰市旗雁运输有限公司 总经理 张建波

包头市永欣物流有限公司 董事长 张云乐

◇房地产/物业

陕西恒昌房地产开发有限公司 总经理 陈建军

辽宁郁民房地产开发有限公司 董事长 董丽静

辽宁其仕郡房地产开发有限公司 董事长 姜艳丽

山西一木林房地产经纪有限公司 总经理 李明鑫

郴州市联建房地产开发有限责任公司 董事长 李建飞

成安县汇聚房地产开发有限公司 董事长 赵红杰

唐山盛兴房地产开发有限公司 总经理 刘建国